Tokyo

東京の教科書

大人のための
地元再発見
シリーズ

大人のための 地元再発見 シリーズ

Tokyo

東京の教科書

折り込みMAP
表 東京都全図
裏 幕末の大江戸
イラスト地図

CONTENTS

東京都 全62区市町村MAP

東京の国宝

2021年11月1日現在、日本の国宝に指定されているのは、美術工芸品902件、建造物228件の合計1130件。そのうち東京にある国宝は美術工芸品286件、建造物2件の計288件で、東京都は全国一の国宝保有を誇る。美術工芸品は、東京国立博物館を筆頭に、美術館や寺社などが所蔵する彫刻や絵画、工芸品や考古資料などだが、ここでは、貴重な2件の建造物と、寺所蔵の仏像を紹介する。

❶❷ 迎賓館
赤坂離宮

旧東宮御所（迎賓館赤坂離宮）は、明治42年（1909）に、皇太子明宮嘉仁親王（後の大正天皇）のお住まいとして建設された宮殿。ネオ・バロック様式の本格的な西欧建築様式に加え、日本独特の精緻な工芸技術が駆使されている。通年、一般公開されているので、その建築・工芸美を堪能できる。

❸ 深大寺
釈迦如来倚像

天平5年（733）創建の深大寺の銅造釈迦如来倚像は、東日本最古の国宝仏。明治42年（1909）に境内の元三大師堂の壇の下から発見された、寺の創建より古い白鳳時代のもの。明るい表情の少年のような面貌と流麗な衣文は、飛鳥時代後期の白鳳仏の特徴を表しているとして、国宝に指定された。

❹ 正福寺地蔵堂

東村山市にある正福寺は、応永14年（1407）創建の臨済宗の寺。地蔵堂のこけら葺、入母屋造の屋根は、方三間裳階付の美しい姿。細部の装飾まで鎌倉の円覚寺舎利殿とよく似ており、室町時代前期の禅宗仏殿が高度に標準化されていたことを表す貴重な建築として、国宝の価値が認められた。

❸ 深大寺釈迦堂に安置されている銅造釈迦如来倚像

❶ 創建時の噴水が見られる建物南側のバロック式主庭

❷ 平和を象徴する金箔レリーフの霊鳥が特徴の「彩鸞の間」

❹ 室町時代前期の中規模禅宗仏殿の典型的な建築

Tokyo Heritage
東京の特別史跡・名勝

特別史跡とは、文化財保護法によって指定された史跡のうち、特に歴史上、学術上の価値が高いもので、古墳や貝塚の他、城跡などの遺跡が対象となっている。一方の特別名勝とは、同じく文化財保護法によって指定された名勝のうち、特に風致景観が優れ、学術上価値の高い庭園や橋梁、峡谷や海浜などの景勝地を指す。都内で該当する4件を紹介しよう。

⑤⑥ 江戸城跡

昭和35年（1960）に特別史跡に指定された江戸城跡。現在の皇居外苑に含まれる濠や、宮内庁管理の東御苑の一部が指定範囲。皇居外苑は、江戸時代に幕府の重臣の屋敷があった場所で、東御苑は、旧江戸城の本丸、二の丸、三の丸の一部を今に伝える遺跡である。

⑦ 小石川後楽園

寛永6年（1629）に水戸徳川家がこの地に中屋敷（後に上屋敷）を造営する際に築造され、水戸黄門で名高い光圀公が完成させた庭園。特別史跡と特別名勝に指定されている。光圀が明の儒学者の意見を取り入れたため、中国趣味豊かな回遊式築山泉水庭園だ。

⑨⑩ 浜離宮恩賜庭園

寛永年間（1624〜1644）に将軍家の鷹狩場だった地に、承応3年（1654）、4代将軍家綱の弟・松平綱重が海を埋め立てて屋敷を建造。現在の基礎ができた。潮の干満の影響で池が趣を変える潮入の池と2つの鴨場をもつ江戸時代の代表的な大名庭園。特別史跡・特別名勝。

⑧ 六義園

元禄8年（1695）に5代将軍徳川綱吉より側用人・柳沢吉保が下賜された下屋敷に、自らが設計し、7年をかけて完成させた回遊式築山泉水庭園。六義とは「詩の六義」に由来し、紀州（現和歌山県）和歌の浦や和歌に詠まれた景勝が八十八境として表されている。特別史跡・特別名勝。

⑤普段は閉じられている皇居正門石橋

⑥徳川家康の入府時に修築された桜田門

⑦6月上旬から開花する660株のハナショウブが見事

⑩汐留の高層ビルと東京湾の間に位置する浜離宮恩賜庭園

⑧中の島を有する大泉水の周囲を樹木が囲む六義園

⑨現在の姿になったのは11代将軍家斉の時

9

Tokyo Heritage
東京の国立公国

日本には、多様な生態系や美しい自然環境が保たれている国立公園が34カ所あるが、東京は、小笠原国立公園、富士箱根伊豆国立公園、秩父多摩甲斐国立公園の3つを有している。ここではその中で、海の恵みを受け、東京とは思えない絶景が見られる小笠原国立公園と富士箱根伊豆国立公園を紹介する。

⑪白砂のビーチが美しい父島北部にある大村海岸

⑭母島周辺の海中では色とりどりの熱帯魚とサンゴが生息

⑫父島列島の南島は石灰岩からなる沈水カルスト地形の島

⑬小笠原周辺は、冬季にはザトウクジラの繁殖海域となる

⑮手前の半島部分が神津島の砂糠山（さぬか）、奥が天上山（てんじょう）

⑯大島で長さ600mにわたって続く地層大切断面

小笠原国立公園

　小笠原国立公園を構成する亜熱帯の島々は、大陸と陸続きになったことがない海洋島のため、独自の進化を遂げた動植物や生態系が貴重であるとして世界自然遺産にも登録されている。陸地では溶岩が生む海岸地形や石灰岩のカルスト地形がみられ、海では海棲哺乳類やサンゴ礁、熱帯魚が美しい海中景観を生んでいる。

⑮⑯⑰⑱

富士箱根伊豆
国立公園

　富士箱根伊豆国立公園は、富士山や箱根に代表される火山景観を中心に、東京・山梨・神奈川・静岡の1都3県にまたがる国立公園。東京には、大島・利島（としま）・新島（にいじま）・式根島（しきね）・神津島・三宅島・御蔵島（みくら）・八丈島の伊豆諸島8島が属している。それぞれが火山によって形成された島々だ。

⑰御蔵島周辺に生息するミナミバンドウイルカ

⑱伊豆大島周辺で見られるアオサハギ

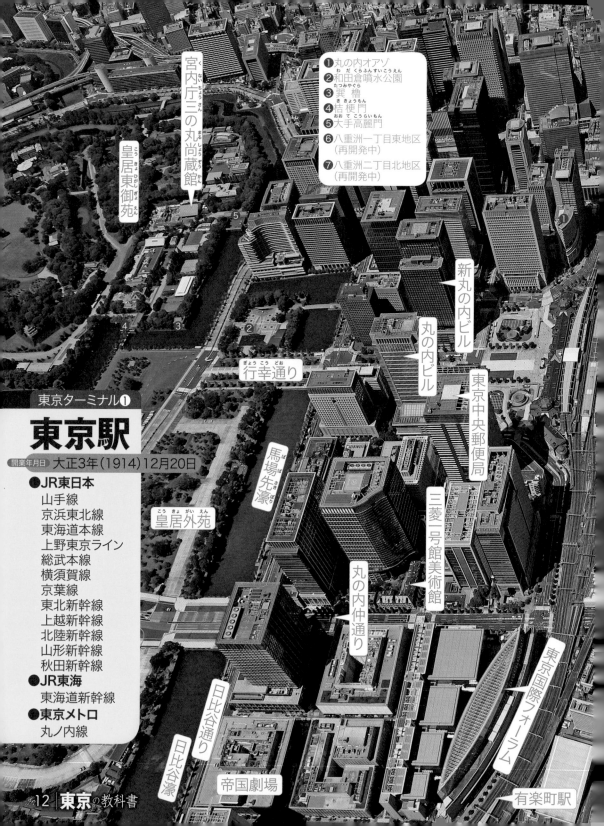

① 丸の内オアゾ
② 和田倉噴水公園
　　わ　だ くらふんすいこうえん
③ 巽 櫓
　　たつみやぐら
④ 桔梗門
　　き きょうもん
⑤ 大手高麗門
　　おお て こうらいもん
⑥ 八重洲一丁目東地区
　　（再開発中）
⑦ 八重洲二丁目北地区
　　（再開発中）

宮内庁三の丸尚蔵館
く ない ちょう さん まる しょう ぞう かん

皇居東御苑
こう きょ ひがし ぎょ えん

新丸の内ビル

丸の内ビル

東京中央郵便局

行幸通り
ぎょう こう どお

馬場先濠
ば ば さき ぼり

皇居外苑
こう きょ がい えん

三菱一号館美術館

丸の内仲通り

東京国際フォーラム

日比谷通り

日比谷濠

帝国劇場

有楽町駅

東京ターミナル❶

東京駅

開業年月日 大正3年(1914)12月20日

● JR東日本
　山手線
　京浜東北線
　東海道本線
　上野東京ライン
　総武本線
　横須賀線
　京葉線
　東北新幹線
　上越新幹線
　北陸新幹線
　山形新幹線
　秋田新幹線
● JR東海
　東海道新幹線
● 東京メトロ
　丸ノ内線

日本銀行本店

日本橋三越本店

首都高速都心環状線

東京証券取引所

日本橋高島屋S.C.

大丸東京店

中央通り

東京駅

ミュージアムタワー京橋

八重洲通り

昭和通り

首 都を代表する駅。駅舎は辰野金吾らが設計。赤レンガの壁、石のスレート屋根に堂々としたドームと開業当時の姿に復原され、重要文化財に指定されている。「東京駅が街になる」をキャッチフレーズに再開発が進められ、駅ビル、駅ナカともに商業施設としても魅力がある。整備が終わった丸ノ内側駅前広場から行幸通りが皇居につづく。

撮影：2021年7月18日

新宿中央公園

東京都庁

甲州街道

5

6

4

3

新宿中央公園

東京ターミナル❷

新宿駅

開業年月日 明治18年(1885)3月1日

●JR東日本
山手線
中央本線
埼京線
湘南新宿ライン
中央・総武線
●京王電鉄
●小田急電鉄
●東京メトロ
丸ノ内線
●都営地下鉄
新宿線
大江戸線

今では想像できないが、開業時の新宿駅周辺は田畑や雑木林だった。甲州街道の内藤新宿の住人に反対され、市街地から離れたところに駅がつくられた。関東大震災後に、私鉄が乗り入れ、乗降客数世界一を誇る巨大ターミナルに発展した。2020年に東西自由通路ができて、さまざまな文化を生んできた西口と東口の行き来が便利になった。

西武新宿駅

明治通り

歌舞伎町（かぶきちょう）

四季の路（都電廃線跡）（しきみち）

新宿区役所

新宿ゴールデン街

靖国通り（やすくにどお）

花園神社（はなぞのじんじゃ）

❶新宿アルタ
❷モード学園
　コクーンタワー
❸京王プラザホテル
❹新宿住友ビル
❺新宿三井ビルディング
❻新宿センタービル

伊勢丹新宿店（いせたんしんじゅくてん）

京王新宿駅

小田急新宿駅

新宿駅

JR新宿ミライナタワー

バスタ新宿

新宿タカシマヤタイムズスクエア

新宿御苑（しんじゅくぎょえん）

撮影：2021年7月18日

15

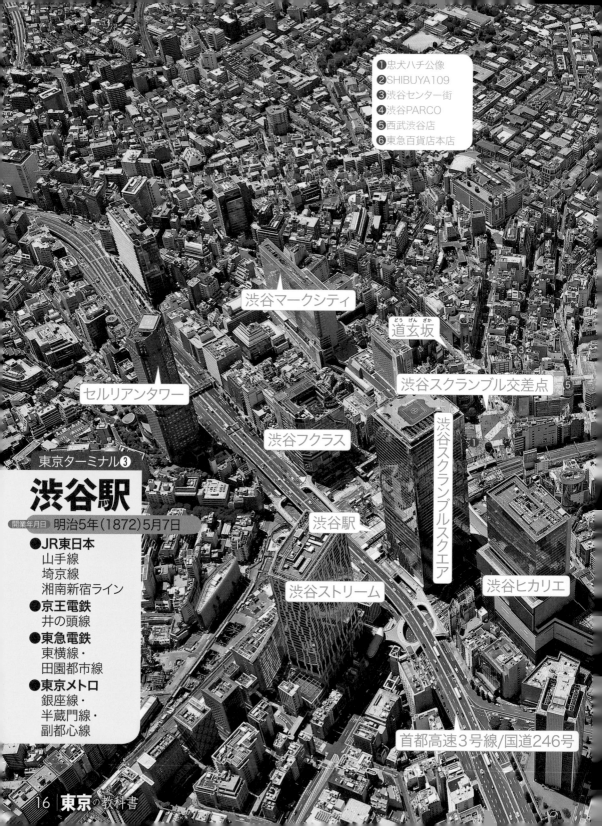

❶忠犬ハチ公像
❷SHIBUYA109
❸渋谷センター街
❹渋谷PARCO
❺西武渋谷店
❻東急百貨店本店

渋谷マークシティ

道玄坂

渋谷スクランブル交差点

セルリアンタワー

渋谷フクラス

渋谷スクランブルスクエア

渋谷駅

渋谷ストリーム

渋谷ヒカリエ

首都高速3号線/国道246号

東京ターミナル❸

渋谷駅

開業年月日 明治5年（1872）5月7日

●**JR東日本**
　山手線
　埼京線
　湘南新宿ライン
●**京王電鉄**
　井の頭線
●**東急電鉄**
　東横線・
　田園都市線
●**東京メトロ**
　銀座線・
　半蔵門線・
　副都心線

代々木公園

国立代々木競技場第一体育館

NHK放送センター

第二体育館

山手線

宮下公園

宮益坂

青山通り

地 上へも地下へも駅改良工事途上の渋谷駅は、道玄坂と宮益坂の下にあることからわかるように谷底につくられた駅。地下鉄銀座線が地上３階から発車するなど、駅構造が立体的で複雑でわかりにくく、解消するための工事が長期間続いている。駅のシンボル忠犬ハチ公像は、ハチ公前広場に建っている。

撮影：2021年7月18日

17

上野駅

開業年月日 明治16年（1883）7月28日

●JR東日本
山手線
京浜東北線
宇都宮線・高崎線
常磐線
上野東京ライン
東北新幹線
上越新幹線
北陸新幹線
山形新幹線
秋田新幹線
●東京メトロ
銀座線
日比谷線

東京の北の玄関口。歌や俳句にも歌われふるさとにつながる印象の駅。日本ではじめて開業した地下鉄が乗り入れている。地平にある行き止まりホームは、ヨー

根津神社（ねづじんじゃ）

東京大学

旧岩崎邸庭園

不忍池（しのばずのいけ）

上野動物園

上野恩賜公園

東京文化会館

上野の森美術館

西郷隆盛像

京成上野駅

上野駅

アメ横

御徒町駅

春日通り

浅草通り

❶パンダ橋
❷上野マルイ
❸松坂屋上野店
❹野外ステージ
❺ボート池
❻不忍池辯天堂
❼上野東照宮
❽旧寛永寺五重塔
❾上野動物園表門
❿大噴水

ロッパのターミナル駅の風情が漂い終着駅のようで郷愁を誘う。2021年双子のパンダ誕生で、再びパンダブームが盛り上がっているが、パンダ橋口に大小2体のパンダ像がある。

日暮里駅

谷中霊園（やなかれいえん）

東京藝術大学美術館

東京藝術大学

寛永寺（かんえいじ）

東京都美術館

寛永寺霊園

鶯谷駅

東京国立博物館

国立科学博物館

国立西洋美術館

首都高速1号上野線／昭和通り

東京メトロ上野車両基地

撮影：2021年7月18日

19

東京ターミナル❺

品川駅

開業年月日 明治5年(1872)5月7日

●JR東日本
　山手線
　京浜東北線
　東海道本線
　横須賀線・
　総武快速線
　上野東京ライン
●JR東海
　東海道新幹線
●京浜急行電鉄

レインボーブリッジ

高輪ゲートウェイ駅

高輪築堤跡

泉岳寺

品川駅

❶旧 毛利元道公 爵 邸跡地
　(品川プリンスホテル)
❷旧 薩摩藩高輪藩邸跡地
　(京急EXイン品川駅前)
❸旧 竹田宮 邸跡地
　(グランドプリンスホテル高輪)
❹日の出桟橋
❺品川インターシティ
❻品川グランドコモンズ
❼マクセルアクアパーク品川
❽グランドプリンスホテル新高輪

第六台場

台場公園

お台場海浜公園

日本の鉄道開業新橋―横浜間以前に、品川ステーションとして営業開始した歴史ある駅。

品川だけど港区にある。高輪口に京浜急行が乗り入れている。大規模なオフィスビルや高層マンションなどの超高層ビル街に発展した港南口は、橋上駅になる以前は、ローカル駅のような改札口があるだけだった。リニア中央新幹線の始発駅になる。

5

6

京急品川駅

京急本線

旧岩崎家高輪別邸（開東閣）

撮影：2021年7月18日

21

羽田空港への新路線や東京メトロの延伸計画……

西山手ルート
新宿駅➡23分

東山手ルート
東京駅➡18分

臨海ルート
新木場駅➡20分

渋谷
浜松町
田町
品川
大崎
品川シーサイド
東京テレポート
大井町
東京貨物ターミナル
アクセス新線

東京貨物ターミナル―
羽田空港間
5.7kmを
地下トンネルでつなぐ

蒲田
京急蒲田
羽田空港新駅
羽田空港第3
ターミナル
羽田空港第2
ターミナル
羽田空港
第1・第2
ターミナル
羽田空港第1
ターミナル

新設線
延伸改良

0   1km

羽田空港
アクセス線
（はね　だ　くう　こう）

　JR東日本では、羽田空港への新しい路線を計画しており、東京駅方面からの「東山手ルート」、新宿・池袋方面からの「西山手ルート」、新木場方面からの「臨海ルート」の3つのルート（いずれも仮称）が検討されている。

東山手ルート

　最も実現性が高く、最も早く開通が予定されているルート。田町駅付近の海側、東海道線の上下線の間から新線が分岐。トンネルで東海道新幹線をくぐり東側に顔を出した後、現在休止中の通称・大汐貨物線を南下していく。大汐貨物線は東海道新幹線の大井車両基地に向かう回送線と並行して臨海部・JR貨物の東京貨物ターミナル駅につながっている路線で、昭和61年（1986）の汐留貨物駅廃止と前後して休止となっている貨物線である。しばらく新幹線回送線と並行して東京貨物ターミナル駅付近に到達。この東京貨物ターミナル駅の海側から地下に潜り、京浜島の地下を経由して、羽田空港新駅に到着する。羽田空港では第1ターミナルと第2ターミナルの間の地下に駅が建設される予定。東京駅からは約18分で到着。高崎線、宇都宮線の一部の列車が上野東京ラインを経由して羽田空港への新線に乗り入れる。15両編成の列車が乗り入れ可能で、1時間に8本程度の本数になる予定である。2022年度着工、2029年度完成を目指している。

西山手ルート

　池袋・新宿方面から埼京線のルートをたどり、大崎からりんかい線に入り、天王洲アイルの先でりんかい線の八潮車両基地に至る回送線に乗り入れる。さらに八潮車両基地は東京貨物ターミナルに隣接しており、「東山手ルート」との間に接続線を設け、同ルートから羽田空港に至る。

拡がる東京の交通網

臨海ルート 京葉線方面から新木場駅でりんかい線に乗り入れ、りんかい線の八潮車両基地に至る回送線に入り西山手ルートと合流する。

前記3ルートのうち「東山手ルート」を基軸に計画を進める方針で、他の2つのルートは東山手ルートの進捗状況や需要予測を加味したうえで決定される予定である。

東京メトロにも新路線が浮上

東京メトロは、2008年6月の副都心線(渋谷 - 池袋 - 小竹向原)の開通を最後に新規路線は建設しない方針であった。しかし地元・江東区の要望を受け、有楽町線・豊洲駅から分岐、東西線・東陽町駅を経由して半蔵門線・住吉に至る区間の建設が計画されている。特にこの区間の地上(東陽町 - 住吉 - 錦糸町間など)を走る都営バス(東22系統など)は都内でも屈指のドル箱路線である。また一説には豊洲市場開場との交換条件という話もあり、全体的な需要予測からも建設への機運は高まっている。実は豊洲駅も住吉駅も駅設備は新線開業に対応できるようにホームが準備されており、実現性は非常に高いものと思われる。

その他の路線

上記の路線のほかにも、計画中の路線がいくつかあり、地元との協議が行われている。

都営地下鉄大江戸線延伸………… 光が丘で終点となっている大江戸線を大泉学園町付近まで延伸する。地下鉄が建設される地上部分の道路の整備が前提となっており、道路の開通によって計画が具体化していく予定。さらにその先、JR武蔵野線・東所沢駅までの延伸計画もあるが、こちらは採算性の問題がネックとなっており、さらなる精査が必要となっている。

多摩都市モノレール延伸……… 現在の終点・上北台駅から八高線・箱根ヶ崎まで約7kmの延伸を計画。2032年度完成を目標としている。また多摩センター側も町田や八王子方面への延伸計画がある。

半蔵門線延長……… 押上 - 四ツ木 - 松戸への延伸計画がある。具体的には未定である。

蒲蒲線計画……… 東急多摩川線・矢口 渡 付近から地下に潜り、JR蒲田、京急蒲田駅を経由して、京急空港線・大鳥居駅に至り、羽田空港方面に直通する計画。東急と京急で軌間(線路幅)が異なるためさらなる調整が必要であるが、地元を中心に、新たな空港へのルートとして計画の検討が進んでいる。

以上、いくつかの計画が検討されており、採算性を考慮しながら今後も協議が進められていく予定である。

池袋 <small>人員数</small>

JR東日本	37万6350人
東京メトロ	37万6997人
西武鉄道	33万4791人
東武鉄道	33万544人

新宿 <small>人員数</small>

JR東日本	47万7073人
東京メトロ	15万5619人
都営地下鉄	新宿線20万5908人
	大江戸線8万9533人
京王電鉄	50万6932人
小田急電鉄	31万7845人
西武鉄道	12万1462人(西武新宿駅)

渋谷 <small>人員数</small>

JR東日本	22万2150人
東京メトロ	半蔵門線、副都心線53万8261人
	銀座線12万1153人
京王電鉄	22万1698人
東急電鉄	73万2759人

東京の主要駅の利用者数

東京の大動脈といえるJR山手線。そのなかでも世界トップクラスの利用者数を誇る主要6駅は、東京の公共交通機関において最も重要なスポットです。

駒込 田端
大塚 巣鴨 西日暮里
池袋 日暮里
目白 鶯谷
高田馬場 上野
御徒町
新大久保 秋葉原
新宿 神田
代々木 東京
有楽町
原宿 新橋
渋谷 浜松町
恵比寿 田町
高輪ゲートウェイ
目黒 品川
五反田
大崎

(註記)
JR東日本の人数は、
2020年度の1日平均の乗車人員
(降車の人員等は含まれない)
JR東海の人数は、
2019年度の1日平均の乗車人員
(降車の人員等は含まれない)
東京メトロ、京王電鉄、小田急電鉄、
西武鉄道、東武鉄道、東急電鉄、
京成電鉄、京浜急行電鉄の人数は、
2020年度の1日平均の乗降人員数
東京都交通局(都営地下鉄)の人数は、
2020年4月〜2021年3月の
1日平均の乗降人員数

上野 <small>人員数</small>

11万4064人	JR東日本
13万271人	東京メトロ
3万980人	京成電鉄

東京 <small>人員数</small>

27万1108人	JR東日本
9万8000人(東海道新幹線)	JR東海
12万4759人	東京メトロ

品川 <small>人員数</small>

22万930人	JR東日本
3万6000人(東海道新幹線)	JR東海
16万8324人	京浜急行電鉄

理科

日原鍾乳洞に見る
日本列島が生まれる前の
プレート移動の痕跡

太古の昔の地球の出来事

奥多摩地方には、60カ所近い鍾乳洞があるといわれる。鍾乳洞とは石灰洞ともいわれ、石灰岩地域の地下で地下水によって溶けてできた洞穴だ。なぜ地下水で岩石が溶けるかといえば、石灰岩が貝殻やサンゴなど炭酸カルシウムを多く含む生物の化石で造られている岩石で、その炭酸カルシウムが大気の二酸化炭素を含んで酸性になった地下水に反応して溶けるためだ。

日原鍾乳洞もその一つ。そして、日原鍾乳洞を含む奥多摩地方の石灰岩でできた地質に、日本列島誕生前の歴史が隠されている。

46億年前に地球が誕生した後、地球上では45億年近くにわたり大陸移動やプレート*移動が続いた。日本で発見されている最古の石は25億年前のものだが、その時でさえ、大陸やプレートは移動中で、日本はまだ列島の形になっていない。

日原鍾乳洞のある場所。2億年前の地質が鍾乳洞を生んでいる

関東地方の地体構造区分

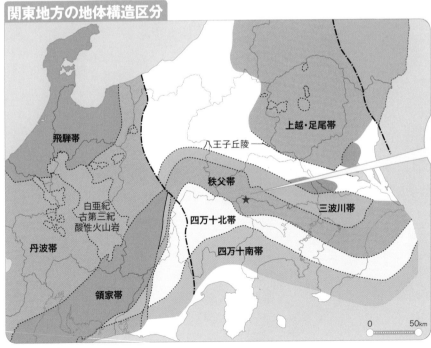

飛騨帯

上越・足尾帯

八王子丘陵

秩父帯

三波川帯

白亜紀
古第三紀
酸性火山岩

四万十北帯

丹波帯

四万十南帯

領家帯

0　　50km

◀地体構造とは、地質学用語で、地球表層の地質体の時間的・空間的相互関係と配置などのこと。関東地方は複数の地質時代の地体からなるが、奥多摩は石灰岩を多く含む秩父帯の地層の上にあることがわかる

*プレートとは地球の表層部を覆う非常に硬い地塊。海を載せている海洋プレートと、陸地を載せている大陸プレートがある

今からおよそ2億5000万年前の古生代*から、2億5000万〜6550万年前の中生代*にかけ、大きな動きがあった。日本列島がユーラシア大陸の東縁に位置していた頃、南東側の海洋プレートが大陸プレートの下に沈み込んでいった。その際、大陸プレートの砂層や泥層に、海洋プレートが運んだ海洋性のチャートや石灰岩などが張り付いた。張り付いた地層を"付加体"といい、日本列島はこの付加体で形成されている。2億年近くをかけて海洋プレートが運んだのが、南洋の海底火山や火山島の噴出物、サンゴ礁を形成した生物、海洋に浮遊したり遊泳したりしていた生物、その殻や骨格からなる海底の堆積物だった。奥多摩地方を含む日本列島の一部を形成している秩父帯、四万十帯と呼ばれる地層は、こうした岩石で造られている。秩父帯の名は秩父山地に由来し、東京の奥多摩地方を形成する岩石の多くも、この時期に堆積されたものなのだ。つまり、2億5000万年〜6550万年前のサンゴや海の生物の化石というわけだ。

石灰岩と地下水が織りなす鍾乳石と石筍の神秘

総延長1270m、高低差134mある日原鍾乳洞は、秩父市の瀧谷洞（現在非公開）と並ぶ、関東地方最大級の鍾乳洞。いずれも日本列島を形成する秩父帯に属していることから、石灰岩が地下水で溶ける、という自然の化学反

◀日原鍾乳洞への入り口。約40分の洞内めぐりが楽しめる。洞内は年間を通して11℃とひんやり

応が起きることはうなずける。鍾乳洞の天井からつららのように下がる鍾乳石は、天井から落ちる水滴に含まれる炭酸カルシウムが固まったもので、地面からタケノコのように上に伸びる石筍も、天井から落ちる水滴中の炭酸カルシウムが洞床上に沈殿したもの。東京都の天然記念物ともなっている日原鍾乳洞は、まぎれもなく約2億年前から始まった大陸とプレート移動の賜物であり、日本列島誕生の歴史を裏付ける証拠でもあるのだ。

◀鍾乳石は1cm伸びるのに約70年かかる。十二薬師には12本の鍾乳石の痕跡のみ残る。

2m50cmの長さがある金剛杖と命名された石筍

◀石筍が1cm伸びるのに要する年月は、130年。洞内には名前のついた石筍や水琴窟などもある

▲日原鍾乳洞の近くにあり、日原の風景の象徴でもある稲村岩は、全山が石灰石でできている。標高920mで、日原の集落からよく見える

世界遺産小笠原諸島の成り立ちが表す希少生物が豊富なワケ

▲希少種のヒシカタマイマイ。殻長14mm、殻径23mmと小さく、標高の高い雲霧帯の地上から樹上の間が生息地

海洋プレートの沈み込みと火山が生んだ島々

　日本で4番目の世界自然遺産として登録された小笠原諸島は、東京から南へ約1000kmの太平洋上に、南北約400kmにわたって散在する30余りの島々だ。小笠原諸島の成立は、東京都心よりも古い。

　今から約4800万年前、太平洋プレートがフィリピン海プレートの下にもぐり込むことがきっかけで誕生したのが小笠原諸島だ。地球上でもっとも古い2億年前からある太平洋プレートが、新しく軽いフィリピン海プレートの下にもぐり込んだ際、マグマが火山活動を引き起こし、火山弧[*]を描いて南北に広がった。北には聟島列島、父島列島、母島列島、南には北硫黄島、硫黄島、南硫黄島からなる火山列島が形成されたのである。父島列島のほうが誕生は早く、母島列島は400万年ほど遅い約4400万年前に噴出した火山島だ。

　1830年、最初に欧米や太平洋諸島から入植した人々が、この地をボニンアイランドと呼んでいたが、それは父島などの陸地に露出した無人岩（ボニナイト）という火山岩に由来する。その火山岩こそ、水分を多量に含むマントル物質が部分溶解してできたマグマが露出したもので、この地の成り立ちを物語っている。現在もプレートの沈み込みによる火山活動は活発で、西之島の誕生もその一環。

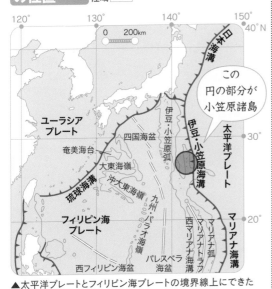

小笠原諸島の位置

プレートの沈み込み帯 ━┿━
プレート拡大軸 ━━━
陸域 □

この円の部分が小笠原諸島

0　200km

日本海溝
ユーラシアプレート
四国海盆
奄美海台
大東海嶺
沖大東海嶺
琉球海溝
フィリピン海プレート
伊豆・小笠原弧
伊豆・小笠原海溝
太平洋プレート
九州・パラオ海嶺
西マリアナ海嶺
マリアナ海溝
マリアナ海溝
マリアナトラフ
パレスベラ海盆
西フィリピン海盆

120° 130° 140° 150°
40°N
30°
20°

▲太平洋プレートとフィリピン海プレートの境界線上にできた火山弧に沿うように小笠原諸島が誕生した

◀父島の西海岸にある中山峠から小港海岸を見下ろした風景。小笠原諸島随一の海水浴場としても知られる

＊火山弧とは、火山島や火山が弓なりに連続して並ぶ地形のこと

そして諸島全体は年間に数センチずつ日本本土の方向に北上中だ。

日本のガラパゴスといわれる小笠原諸島

　成り立ちからわかるように、小笠原諸島は、ダーウィンが進化論の着想を得たガラパゴス諸島と同様、過去に一度も大陸とつながったことのない海洋島。それゆえ陸上の生物は、風や波に乗ってくるか、空や海をわたってくるか、何かに付着して上陸するか、あるいは海の生物が環境に適応するために進化し、陸上生物に成り代わるかしかなかった。

　そのため固有種の数が多く、植物では全体の約5割にあたる441種の固有種が自生している。また、島ごとに植生が異なるのも特徴だ。高い山がない父島では、乾燥に強い乾性低木林が茂り、標高462.6mの乳房山（ちぶさやま）を擁する母島では、雲が形成されやすいため、背の高い亜熱帯の湿性高木林が見られる。

　動物では、顕著な進化の例を示しているのがカタツムリなどの陸産貝類。106種のうち94%にあたる100種が固有種で、その一種のカタマイマイ属は、島の環境に合わせ、樹上性や半樹上性、地表性や半地下性など、棲息する場所によって、多く

の種に分かれている。これらの独特の進化を遂げた生態系が希少であるとして、世界遺産に登録された。

　だが、もともと小笠原諸島に棲んでいた哺乳類はオガサワラオオコウモリだけだったはずが、ノヤギやネコのほか、外来の爬虫類などによる食害が深刻化。19世紀に入植した人々や捕鯨船から持ち込まれたと考えられており、固有種の生存が危ぶまれる事態になっているため、対策が求められている。

> 貨幣石は、直径数センチから10cmほどの化石で、島の誕生時の様子を伝える

▲母島南西部にある御幸之浜（みゆきのはま）の岩壁には、大型有孔虫の化石である「貨幣石（かへいせき）」が多く含まれている

小笠原諸島の成り立ち

海底拡大に伴う玄武岩質マグマ活動（火山）
←海面
海溝の後退
新しく温かいプレート（比重低）マントルの上昇
古く冷たいプレート（比重重）
↓プレートの沈降

> 古く重いプレートが新しく軽いプレートにもぐり込む

プレートの沈み込み開始期

◀約4800万年前に太平洋プレートがフィリピン海プレートの下にもぐり込み始め、火山活動が開始〈伊豆小笠原海溝斜面〉

形成初期の島弧（しまこ）

▶約4800万年前から、プレートの沈み込みに起因してマントルが上昇、ボニナイトマグマが生成され、火山の成長が開始〈父島・智島列島〉

↑海面
沈み込むプレートからの物質付加に伴うボニナイトマグマ活動
マグマの生成
プレートの融解と脱水の開始
↓プレートの沈降

> マグマが露出してボニナイトを生成

> 父島から400万年後、母島が海上に出現

成長期の島弧

◀約4500万年前以降、マントルの対流が安定し、火山は成長して海面上に姿を現した〈母島列島〉

↑海面
海面上まで成長した島弧火山
以前の火山のあと
マントルウェッジ内の対流の確立
安定的なプレートの沈み込み

（参考：産業技術総合研究所地質調査総合センター）

約200万年前、昭島市はクジラが泳ぐ海だった

アキシマクジラが描かれた▶
昭島市のマンホール

地質時代第四紀の東京

その昔、東京はどんな状態だったのか。それを知る鍵を、ある親子が60年前の多摩川で発見した。有史以前の東京を知る手がかりを追ってみる。

約2300万年前の地質時代新第三紀に、日本はユーラシア大陸から切り離された。その後も地殻変動は続き、東北日本は時計と反対回りに、西南日本は時計回りに動き、約1400万年前に、日本は現在の位置に落ち着いた。

そのころ、地球は温暖な気候であったが、新第三紀後期から258万年前に始まる第四紀に入ると、寒冷化が進んだ。いわゆる氷河時代の到来だ。地球の歴史上では何度か氷河時代が訪れているが、これが最新の氷河時代で、マンモスが登場し、北アメリカ大陸と南アメリカ大陸がつながったのもこの時期。第四紀の特徴は、氷河時代のなかで氷期と間氷期が繰り返される点で、氷期の時代には、ヨーロッパや北米大陸の大半が厚い氷床に覆われ、海が後退して陸地が増える

地球の地質時代				
新生代	第四紀	完新世	5000年前	現在は間氷期
		更新世	258万年前	氷河期に突入
	新第三紀	鮮新世	530万年前	日本海が誕生
		中新世	2300万年前	
	古第三紀	漸新世	3300万年前	インド亜大陸がユーラシア大陸に衝突
		始新世	5600万年前	
		暁新世	6600万年前	
中生代	白亜紀		1億4500万年前	恐竜繁栄の時代
	ジュラ紀		2億100万年前	秋吉台を形成する堆積物が造られた
	三畳紀		2億5100万年前	
古生代	ペルム紀		2億9800万年前	生命が進化するカンブリア大爆発
	石炭紀		3億5800万年前	
	デボン紀		4億1900万年前	
	シルル紀		4億4300万年前	
	オルドビス紀		4億8500万年前	現在の大陸の元となるゴンドワナ大陸形成
	カンブリア紀		5億4100万年前	
先カンブリア紀	原生代		25億年前	
	始生代		46億年前	地球誕生

地球の歴史を表す地質時代は、新たな発見や研究の結果を反映し、毎年少しずつ変更される。上記は国際地質科学連合が発表した2021年版の国際年代層序表に基づいたもの

"海退"が起こった。一方、間氷期に入ると、温暖化により大陸の氷床が融けて海面が上昇し、海が陸に侵入する"海進"が起こる。

クジラの化石が教える約200万年前の昭島市

昭和36年（1961）、夏休みに多摩川の河川に化石採集をしにきていた小学校教諭の父と息子が、長さ10cm、幅3cmの化石を見つけた。場所は東京湾まで約40kmもある、標高100mの昭島市にある多摩川河川敷だ。その後の発掘で、クジラのほぼ全身に近い化石が発見され、アキシマクジラと命名された。この発掘では、サメの歯や魚や貝の化石も見つかり、近年には、近くからアケボノゾウなど陸生哺乳類の化石も産出されていることから、海でも比較的浅瀬だった可能性も考えられている。2018年、専門家による研究の結果、その化石は骨の長さ13.5m、体長16mほどで、約200万年前に棲息していた中型のクジラの化石の一部と判明した。化石は現在生存するコククジラと似ているが、異なる新種であることがわかり、学名アキシマエンシス※と名付けられた。

骨が早い時期に堆積物に埋まって破壊されずに化石として保存されたことや、約200万年もの間、地殻変動や温度変化などが起こらなかったこと、化石の一部が露出した一瞬のタイミングで発見されたことなど、多くの奇跡が重なったといわれている。もし、大雨などが降れば、川の浸食で化石は流出していたに違いないからだ。

こうして、200万年前、東京は"海進"が起こるほどの温暖な気候にあり、昭島市周辺が海だったことが判明したのである。

▲親子が化石を発見した8月20日の8日後から発掘が開始された。翌日の29日に、背骨の化石が出土したときの様子。9月3日まで調査は続き、4日には大雨のため発掘場所が川底に沈んでしまった（全写真提供：昭島市教育委員会）

◀アキシマエンシス内国際交流教養文化棟1階のくじらホール。アキシマクジラの原寸大化石のレプリカを展示

アキシマクジラが棲息した時代の古地理図

★…化石の発見場所

アキシマクジラの化石が発見された場所。200万年前、海だったことがわかる

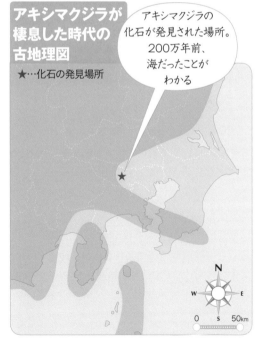

アキシマクジラが生きていた時代の地形を表す図。200万年前、緑色の部分が陸地で、青の部分が海だった

40万〜2万年前、日本橋や板橋では、ナウマンゾウが闊歩していた

この浜町駅付近の地下で化石が見つかった▲

▲体高2.5〜3m、体長4.5mのナウマンゾウは、温帯の森林生活者だった

温暖な時期に大陸から移動

　200万年前、昭島市が海であったとすれば、東京湾に近い日本橋付近も当然、海であったはず。ところが、40万年ほど前から2万年前まで、東京東部はナウマンゾウが闊歩する陸地だった。

　氷河期が氷期と間氷期を繰り返すなか、現在の地球は温暖な間氷期にある。神戸大学の研究によると、第四紀が始まった258万年前から、氷期と間氷期が交互に訪れるサイクルが顕著になり、258万年前から約80万年前までは4万年周期、80万年前から現在までは10万年周期でそのサイクルが繰り返されているという。そして、氷期と間氷期の変動は動植物の分布にも大きな影響を与えてきた。

　日本では、氷期に海退が起こり、間氷期に海進が起きた結果、258万年の間に日本列島が大陸とつながったり離れたりしたと考えられている。注目すべきは、日本とユーラシア大陸の間にある宗谷海峡と対馬海峡の存在だ。宗谷海峡の水深は約55m、対馬海峡は約130mと比較的浅い。最終氷期にあたる約2万年前には、現在より海面が120mほど低かったため、宗谷海峡や対馬海峡が、陸か陸橋のようなものでつながり、現在のような間氷期には、切り離されて海となったと推測されている。その証拠を示しているのが、東京とも関係が深い動物のひとつ、ナウマンゾウだ。

地下鉄工事中に化石発掘

　昭和51年（1976）、東京日本橋の浜町駅付近で、地下鉄（都営新宿線）の工事が行わ

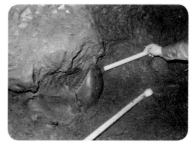

◀地下鉄工事を中断しての発掘でナウマンゾウの頭骨や脛骨などが次々出土。黒い部分が下顎骨（写真提供：大澤進）

れていた最中のこと。地下約22mのシルト※層から多数の化石骨が発見された。化石は北東―南西約5m、北西―南東約3m、上下約1mの範囲に集中しており、調査の結果、3個体分のナウマンゾウの化石と判明した。化石の表面は摩耗も破損もしていない完全な状態。そのうえ、同一の個体で頭蓋、体幹、四肢の全体骨格が発見されたのは初めてのことだという。また、板橋区でも下水工事中に、ナウマンゾウの顎や歯の一部の化石が見つかっている。

　ナウマンゾウの化石は、北海道から沖縄の各地のほか、瀬戸内海や日本海南部、東海地方沿岸部の海底からも産出されているが、明治15年（1882）に、その化石がゾウのものだと記載したのは、東京大学教授でドイツの地質学者エドムント・ナウマンだった。後の研究で、化石は博士の名をとり、ナウマンゾウと命名され、その後さらにこの化石が独立した種であることがわかった。

　諸説あるが、ナウマンゾウの祖先が40万～36万年前に大陸から日本に渡り、その後、海進によって列島が大陸から切り離された後に独自の進化を遂げ、氷期に入った約2万年前に絶滅したという説が有力とされている。

　生息していたとされる時期の日本は、間氷期にあたる温暖な時期。ナウマンゾウが温帯の落葉広葉樹や針葉樹の混合林の生活者であることや、もっとも多く発見されているのが約12万年前の地層で、日本橋の化石も約15万年前の地層であることからみても、温暖な時代に日本各地で生息していたと考えるのが妥当で、絶滅した時期が、日本列島が最終氷期の最大寒冷期前だったこともうなずける。

古東京湾の変遷

現在の東京湾に落ち着く前を「古東京湾」と呼ぶが、その変遷を示したのが下の地図だ。上は約12万年前の最終間氷期、中は約2万年前の最終氷期、下は約1万2000年前の縄文時代の様子。赤が日本橋浜町、オレンジが板橋区を示す

東京北部から茨城県にかけては、まだ海の底だった

親潮
バリヤー島
黒潮

0 　20km

間氷期（約12万年前）

隆起によって、陸地が現れ、マンモスが住み着いた

古鬼怒川
古東京川

0 　20km

最終氷期（約2万年前）

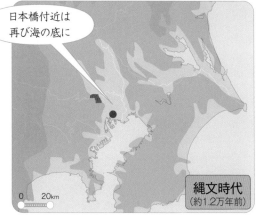

日本橋付近は再び海の底に

0 　20km

縄文時代（約1.2万年前）

※シルト層とは、粘土より粗く、砂より細かい堆積物のこと。日本橋の地下のシルト層は約12万～15万年前のものとわかった

東京の景観と歴史の土台になった武蔵野台地の成り立ち

荏原台の東端にある有栖川宮記念公園▶

川と火山と海進が生んだ台地

東京の地形は武蔵野台地と東京低地の2種類に分けられる。武蔵野台地は40万年近く前から形成され始めた古い土地で、荒川以東の東京低地は、1万年以上前と比較的新しい。土地の成立が古い分、武蔵野台地は、多くの歴史の舞台ともなった。

武蔵野台地とは青梅を頂点とし、北東を流れる荒川、北西の入間川、南の多摩川に囲まれて扇状に広がる東西約47km、南北約30kmの台地のこと。大まかにいえば、JR京浜東北線と多摩川に挟まれたエリアで、北端を川越、西端を青梅、東端を上野、南端を池上とし、約846k㎡におよぶ洪積台地＊だ。

武蔵野台地が形成されたのは、40万〜1万3000年ほど前。山梨県にある標高1953mの笠取山を水源とし、急な勾配をもつ古多摩川が、関東山地から大量の砂礫を運び、蓄積されて扇状地に。その上に、10万年ほど前に始まった富士山や箱根の火山活動による火山灰が積もり、武蔵野台地は造られた。火山灰の鉄分は1万年以上の歳月をかけて酸化されて赤土の層となり、関東ローム層と呼ばれる。

こうして地表近くを関東ローム層に覆われた武蔵野台地は、大きく4つの段丘面に分けられる。最下層が多摩段丘で40万〜13万年前に形成され、続いて下末吉段丘が13万〜12万年前、武蔵野段丘が10万〜6万年前、

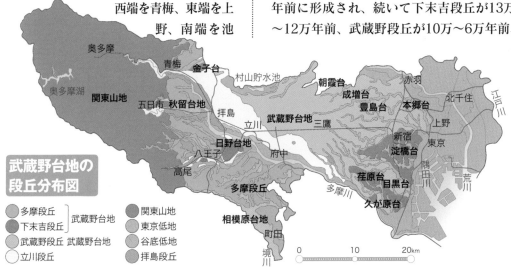

武蔵野台地の段丘分布図

- 多摩段丘 ┐
- 下末吉段丘 ├ 武蔵野台地
- 武蔵野段丘 ┘ 武蔵野台地
- 立川段丘
- 関東山地
- 東京低地
- 谷底低地
- 拝島段丘

奥多摩／青梅／金子台／村山貯水池／朝霞台／成増台／赤羽／北千住／江戸川／奥多摩湖／関東山地／五日市／秋留台地／拝島／武蔵野台地／豊島台／本郷台／上野／日野台地／立川／三鷹／新宿／東京／八王子／府中／淀橋台／荏原台／目黒台／多摩段丘／隅田川／荒川／高尾／相模原台地／久が原台／多摩川／町田／境川

0　10　20km

＊洪積台地とは洪積世（現在は更新世と呼ばれる地質時代で約164万年前から1万年前をさす）の堆積物からなる台地

最低位が立川段丘で2万～1万3000年前に形成されたとされている。

下末吉段丘は、海進が起きて現在の東京が海となった後に陸化した段丘で、淀橋台や荏原台などがあり、多くの谷も形成されている。港区の有栖川宮記念公園や国立科学博物館附属自然教育園などはその台地の東端にあたる。武蔵野段丘は、下末吉段丘が古多摩川*の浸食で造られた台地面で、目黒台や本郷台、豊島台が属するいわゆる山手台地にあたる。そして立川段丘は、武蔵野段丘が海退によって海面が低下する際に浸食されてできた新しい台地で、立川・国立・府中・調布エリアに相当する。現在の荒川以東と海沿いを除く東京は、武蔵野台地の上にあることがわかる。

都内に見られる武蔵野台地の姿

武蔵野台地の西端にあたる青梅はもっとも標高が高く、約210m。全体に西から東に向かって次第に低くなり、東端近くでは標高約20mとなっている。この勾配は、江戸時代に水を供給することになる玉川上水（P75）の建設に大きく役立った。

また、渋谷は淀橋台の南側が浸食された低地に造られ、江戸城や上野公園は本郷台の端に設けられるなど、江戸時代以降の東京の主要な町や施設は、武蔵野台地の地形を生かした場所に造られている。新宿御苑や井の頭公園など、都内の緑豊かな公園も武蔵野台地の水の利が生かされているのだ。

一方、奈良時代に武蔵国の国府や国分寺が置かれたのも武蔵野台地上。多摩川に近い舟運を生かしただけでなく、立川段丘が起伏の少ない平坦な地だったこと、府中崖線と呼ばれる河岸段丘があることで、多摩川の氾濫から地域を守ることができたこと、また、湧水を利用できるなど、武蔵野台地の地の利が生かされたことが大きな要因となった。武蔵野台地は東京の歴史を育む土台だったといえるのだ。

川の浸食によって谷が造られたため段丘が分かれた場所もある

東京南西部の断面図

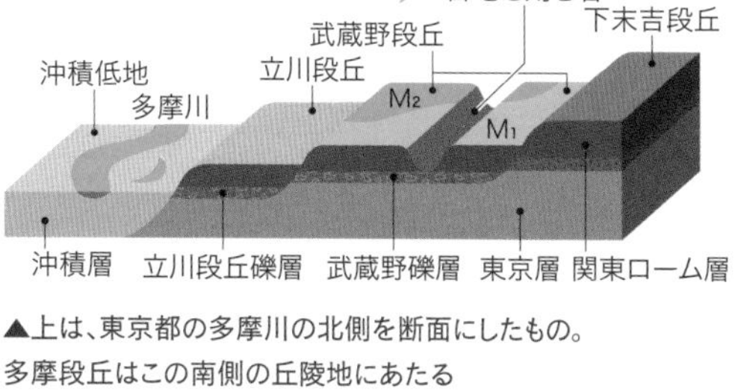
台地を刻む谷
武蔵野段丘
下末吉段丘
沖積低地
立川段丘
多摩川
M2
M1
沖積層
立川段丘礫層
武蔵野礫層
東京層
関東ローム層

▲上は、東京都の多摩川の北側を断面にしたもの。多摩段丘はこの南側の丘陵地にあたる

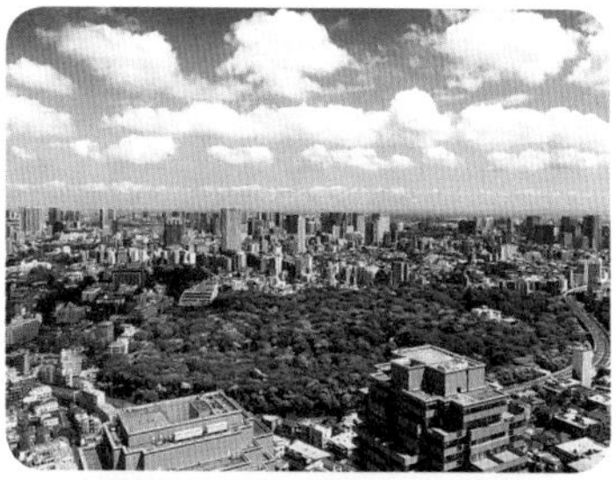

◀武蔵野段丘面より一段高い下末吉段丘のうち、淀橋台と呼ばれる地形面にある、国立科学博物館附属自然教育園を上空から見たところ

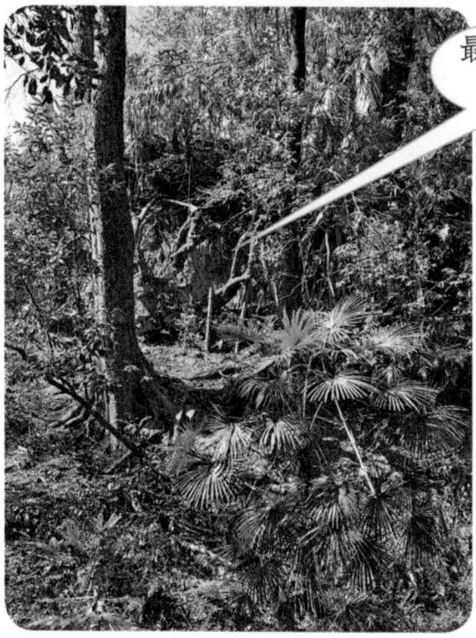
最上部が赤土の関東ローム層

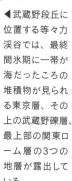

◀武蔵野段丘に位置する等々力渓谷では、最終間氷期に一帯が海だったころの堆積物が見られる東京層、その上の武蔵野礫層、最上部の関東ローム層の3つの地層が露出している

＊古多摩川とは今の流路に定まる前の多摩川のこと

知っておきたい
活断層・立川断層の
過去・現在・未来

◀立川断層に
沿って流れる
残堀川

内陸型地震の特徴をもつ
立川断層

　東京を襲う地震の原因として警戒される立川断層。阪神・淡路大震災以降の政府や自治体などによる大規模な調査の結果から、その構造や過去の履歴、未来予想図を探ってみた。

　断層とは、地球の表面を覆う岩盤（地殻）が割れて生じた地層のずれのこと。活断層は、過去数十万年の間に活動をくり返し、今後も活動する可能性が高い断層のことで、わかっているだけでも日本には2000以上の活断層があるといわれる。その一つが立川断層だ。

　ではなぜ、活断層が地震源といわれるのか。地震には大きく分けて、海溝型（プレート境界型）（☞P38）と、内陸型（断層型）、火山性の3種がある。火山性はいうまでもなく、火山活動に伴う地震で、一般的にはマグニチュード*は5以下とされる。

　立川断層を震源とするのは、内陸型地震。地下の断層にプレート移動など何らかの力が加わることでさらにずれが生じ、その衝撃で起こる地震だ。平成7年（1995）の阪神・淡路大震災や2016年の熊本地震がこれに属する。

　立川断層は、太平洋プレートやフィリピン海プレートの動きに誘発されて動く可能性が高く、それを原因とする地震は震源が比較的浅い地下5〜20kmで起こると考えられているために、「直下型」ともいわれ、懸念されている。では立川断層とはどこを指すか。国と東京都で見解が異なる。国の見解は、関東山地東部の埼玉県飯能市から武蔵野台地西部の東京都青梅市、立川市を経て府中市に向かう約33km。東京都の

立川断層の位置

狭山ヶ池は、断層が動いた結果、せき止められた池だと考えられている

名栗断層

霞川地区では断層で川がせき止められてできた湿地に新しい流路ができた時期が、約2万年間に3〜4回あることがわかった

人工的な振動を発生させた調査で、三ツ木、泉町地区の地下深くで、断層の両側で岩盤が大きくずれていることが判明

ボーリング調査の結果、今井地区の立川断層は、過去数十万年間にくり返し活動していることが判明

矢川地区では、約1万4000年〜1万2000年前に断層が動き、約5000年前に矢川が現在の台地を流れるようになったことがわかった

飯能市　狭山市　入間市　埼玉県　所沢市　青梅市　羽村市　瑞穂町　武蔵村山市　東大和市　あきる野市　福生市　昭島市　立川市　小平市　国分寺市　東京都　八王子市　国立市　日野市　府中市　多摩市　稲城市

立川断層

0　5km

※出典）
東京都総務局
災害対策部
防災計画課
平成11年資料より

▲この地図は東京都が示す
約21kmの立川断層の位置を示したもの

*マグニチュードが1つ上がるとエネルギーは32倍になる。
マグニチュード7と9では、32×32で1000倍以上の差がある計算だ

社会　美術・音楽・家庭科　国語　算数

見解は、青梅市の小曽木笹仁田峠付近から武蔵村山市三ツ木や立川市砂川町を経て国立市谷保までの約21km。マグニチュードは断層の長さに比例するため、次に起こる立川断層を震源とする地震の規模の国の予測はマグニチュード7.4で、都の予測は7.0。地震の規模で考えると国の予測のほうが4倍大きい。

過去から読み解く
立川断層の未来

　次に立川断層が動くのはいつか？予測するには、最後に動いた時期と、周期がポイントになるが、ここも見解が分かれている。1999年の東京都の調査では、1800年〜1400年前が最新とされ、2003年の国の調査では、約2万年前から1万3000年前までの間とされ、2014年の東京大学地震研究所の調査によれば、700年〜600年前。

　周期も、国の見解は1万年〜1万5000年、東京都は5000年、東大は3000年〜6000年。東京都と東大が示す数千年周期なら、まだ先だが、2013年に政府地震調査研究推進本部が出した数値では、その後30年での立川断層帯での地震発生確率は0.5〜2%。50年以内は0.8〜4%、100年以内は2〜7%である。

　もう一つ注目すべきは、断層の種類と東日本大震災の影響だ。国は、立川断層を"横ずれ断層"とし、東京都は"逆断層"とみている。また、プレート移動が活断層に与える影響は大きく、東日本大震災の原因となったプレート移動は無視できない。が、ここでも解釈が分かれ、国はプレート移動が"横ずれ断層"に及ぼす影響は大きいとする一方、東京都はプレート移動が"逆断層"に影響を及ぼした事例は過去にないとしているのだ。

活断層の種類　立川断層の種類について、国と東京都では、見解が異なっている。国は左横ずれ断層と考え、東京都は逆断層（縦ずれ断層）としている

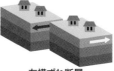

縦ずれ断層（正断層）　　縦ずれ断層（逆断層）

左横ずれ断層　　　　　右横ずれ断層

　仮にマグニチュード7.4の地震が近年に起こりうるとしても、安心材料がないわけではない。それは武蔵野台地の地盤のよさだ。活断層が動いた場合、断層の真上か否かは問題ではなく、地盤がしっかりしているか否かが重要。関東大震災が証明されている。

　立川断層が活動する可能性は大いにあるが、その時期や場所を案ずるより直下の地盤の状況を知ることが最優先といえそうだ。

玉川上水の流路に及ぼした
立川断層の影響

　江戸時代につくられた玉川上水（☞P72）は、そこまでまっすぐだった水路が突然、立川市砂川町付近で、200mほど南に彎曲している。これは建設をはばむ崖を避けたためと考えられ、その崖こそ、立川断層だった。当時はもちろん、立川断層という概念はないが、流路を変更するほどの障害物だったことは確かだ。

この位置で水路が極端に南に向きを変えている

江戸時代から現代にかけて江戸と東京を襲った大地震のルーツ

海溝型地震は海洋プレートが▶
陸のプレートの下に沈み込むことが原因

歪みの蓄積
海洋プレート
引きずり込み

江戸・東京を襲った海溝型の大地震

　江戸時代から現在まで、東京近辺を震源とした特大級の地震は4つあり、2種類に分けられる。ひとつが元禄地震と関東大震災に見られる海溝型（プレート境界型）地震で、地球表層にあるプレートの移動が原因。日本周辺の4つのプレートは年間数センチ移動し、海洋プレートが陸のプレートの下に沈み込んでいる。沈み込みで蓄積した歪みが限界に達する

と、元に戻ろうとする力が働き、地震が発生する。2011年の東日本大震災が代表例だ。

　江戸開府100年後の元禄16年11月23日深夜（1703年12月31日午前2時）、江戸は推定マグニチュード7.9〜8.2の大地震に見舞われた。元禄地震と呼ばれ、房総半島白浜沖約30kmの相模トラフで発生。この地震は千葉県南西部から伊豆半島東部にかけて甚大な被害を及ぼし、海岸線の地形まで変えてしまった。

　大正12年（1923）9月1日午前11時58分に発生した関東大震災も同じく相模トラフの西側、北米プレートとフィリピン海プレートの境界線を震源とした地震。マグニチュードは7.9で、東京全体の死者は7万人を超えた。地震が昼どきで、強風が吹いていたことから、火災による死者が圧倒的に多く、圧死は3500人ほどだったといわれる。

　海溝型の地震の発生間隔は約200〜400年といわれているため、次の巨大地震の発生までかなりの時間があることになる。

今も解明途中の2つの直下型地震

　一方、安政2年10月2日（1855年11月11日午後10時頃）に起きた安政江戸地震は、約40年後の明治27年（1894）6月20日午後2時

日本を取り巻くプレート

北米プレート
（オホーツクプレート）
陸のプレート

千島海溝

日本海溝

ユーラシアプレート
陸のプレート

相模トラフ
伊豆・小笠原海溝
駿河トラフ

太平洋プレート
海洋プレート

南海トラフ

フィリピン海プレート
海洋プレート

0　200km

▲日本列島は4つのプレートの上にあり、東京はいずれのプレートの移動の影響を受ける

頃に発生した明治東京地震と特徴が似ており、いずれも直下型で、推定マグニチュードは7。

直下型地震は、内陸型地震（☞P36）の一種で、地表面近くの岩盤が破壊される活断層によるものと、地下深くで接する陸と海のプレートの境界線付近で岩盤が破壊されて起こるものに分かれるが、安政江戸地震と明治東京地震は、いずれも後者が原因とされる。

安政江戸地震の震源は、東京湾北部の深さ40〜50kmのフィリピン海プレート内部と考えられている。江戸城での被害は少なかったが、江戸時代に造成された日本橋や深川、日比谷など埋立地のほか、海沿いの大名屋敷や町屋の被害が大きかった。二次災害の火災による死者が多かった点が注目され、江戸市中の死者は約1万人といわれる。

一方の明治東京地震の震源も東京湾北部の地下40〜60kmと推定され、死者は東京で24人と少ないが、西洋建築物や煙突が多数被災したことから"煙突地震"とも呼ばれる。

科学が進んだ今も、2つの直下型地震の震源の深さや発生のメカニズムはまだ解明途中だ。ただ、東京では、直下型の地震が100年間に2〜3度の割合で発生しているため、注意が必要。

200〜400年に1度の周期で発生するマグニチュード8クラスの海溝型地震への不安は少ないものの、100年に2〜3度起こる可能性があるマグニチュード7クラスの直下型地震への警戒は必要だ。

海溝型地震のメカニズム

地震・津波の発生

陸のプレート
はね上がり
海洋プレート

海洋プレートが陸のプレートの下に沈み込み、歪みが限界に達すると、陸のプレートの先端部がはね上がって地震が発生

震源地いろいろ

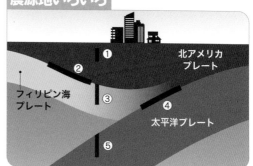

北アメリカプレート

フィリピン海プレート

太平洋プレート

①地表近くの活断層による地震②フィリピン海プレート上面に沿うプレート境界型地震③フィリピン海プレートの内部破壊による地震④太平洋プレート上面に沿うプレート境界型地震⑤太平洋プレート内部破壊による地震

南関東で発生した大地震

1600年以降に南関東で起きた大地震の一覧。今後100年に関東大震災クラスの地震発生確率は少ないが、マグニチュード7クラスは数回発生する可能性がある

出典：P39の図表は内閣府「首都直下地震の切迫性」

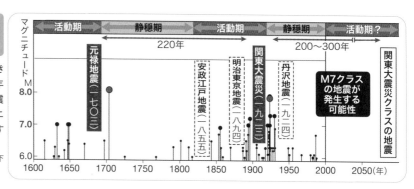

古来、人々の生活と文化を支えてきた多摩川 武蔵野台地その過去と現在

人に尽くし、人に壊された多摩川

　山梨県の笠取山（かさとりやま）を水源に、東京湾にそそぐ全長138km、流域面積1240km²の一級河川、多摩川。上流付近では丹波川（たばがわ）と呼ばれ、東京都の水がめである奥多摩湖を経て東京都に入ると日原川（にっぱらがわ）と合流して青梅へ。そこまでは山間部で、青梅からは武蔵野台地の扇状地を流れ、羽田で東京湾へとそそぐ。多摩川は、動植物だけでなく都民のためにも重要な河川だ。

　旧石器時代以降、多摩川の流域には集

落が造られ、飛鳥時代には武蔵国（むさしのくに）の国府が置かれるなど、集落発展の鍵を握ってきた。江戸時代、上流域では林業が発達し、切り出された多くの木々は多摩川を下って江戸の町造りを助けた。また、江戸城や江戸の町の人々に水を供給するために玉川上水（☞P72）が造成されたのも多摩川あってのこと。明治時代以降は徐々に公害の影響を受けるようになり、それでも1950年代までは水質も比較的良好で自然豊かだったが、昭和の高度経済成長期に急激に悪化し、1960年代には水質汚染がピークに達し、多くの動植物が姿を消した。

　1970年代に入って、公害対策として排水規制や下水道の整備などが急ピッチで進んだ結果、水質は劇的に改善し、流域の公園は住民の憩いの場となるまでに回復した。しかし、今、新たな問題が起こっている。

蘇った豊かな生態系と現在の課題

　水生動物が安定的に棲息できるまでに水質が回復した多摩川では、平成以降、環境はさらに改善され、2020年の国土交通省の調査では、水系別に見ると多摩川水系の動植物の種類はもっとも多く、魚類68種、底生動物458種、植物1103種、鳥類97種、両生・

魚類は荒川水系の78種より少ない68種だが、それ以外、多摩川水系はどの項目でも1位

水系別生物確認比較

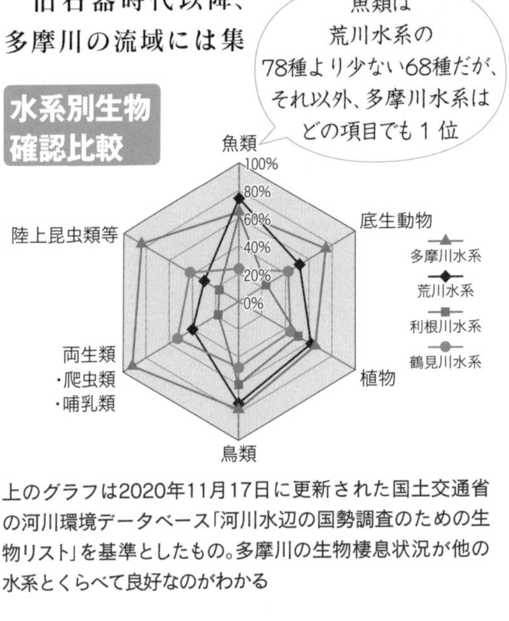

上のグラフは2020年11月17日に更新された国土交通省の河川環境データベース「河川水辺の国勢調査のための生物リスト」を基準としたもの。多摩川の生物棲息状況が他の水系とくらべて良好なのがわかる

爬虫・哺乳類50種、陸上昆虫類等2679種。上流ではイワナやヤマメ、ウグイやニジマス、中流ではアユやコイにナマズ、下流域ではハゼ類やスズキなどの魚類のほか、ヤマトシジミやテナガエビなどの甲殻類も戻ってきた。また、カルガモやマガモ、カワウにユリカモメ、水辺ではサギ類やカワセミ、河原ではキジバトやモズ、ツグミ、河畔林ではメジロやシジュウカラなど100種近い野鳥を観察できる。

　土手や河原には、ヒメジョオンやシロツメクサ、ツユクサやノアザミなど、数えきれないほどの野草も繁茂し、河川敷には、ダイコンやコマツナのほか、清流を好むクレソンも多摩川中流域の湧き水が染み出る砂地に自生している。また、流域一帯はシオカラトンボなどのトンボ類やモンシロチョウやアゲハなどのチョウ類の棲息地ともなっている。

　反対に危惧されるのは外来種の増加だ。エンゼルフィッシュやグッピーなど、心ない飼い主が飼いきれずに川に放棄したとみられる外来種の魚が200種以上も見つかっており、多摩川は今「タマゾン川」とも呼ばれている。外来種が、本来の生態系を脅かす危険性が重視されているのだ。

　高度経済成長による生活環境の変化がもたらした1960年代の多摩川汚染とは異なり、現在の問題の根源は、個人の意識。多摩川の生態系を守る意識の共有が求められている。

多摩川の動植物

水質が改善した多摩川は、渓谷美や森林浴が楽しめる自然の宝庫になった。これらを守るためには外来種の魚類等の減少が望まれる

多摩川河原近くの湧き水がもたらす砂地ではクレソン（オランダカラシ）が育っている

腹がオレンジで、背の一部がコバルトブルーのカワセミは、通年見ることができる

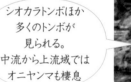

遡上するアユ。2021年の調査で、河口から11kmの地点で推定32万匹が遡上

シオカラトンボほか多くのトンボが見られる。中流から上流域ではオニヤンマも棲息

多摩川八景

昭和59年（1984）に、住民の投票をもとに選定された多摩川八景。上流の奥多摩湖から下流の多摩川河口まで、動植物の生態系が豊かであることや、風景の美しさで選ばれた

御岳渓谷
沢井駅付近から約4km続く遊歩道では渓谷美を堪能できる

奥多摩湖
1957年完成の多摩川をせき止めた人造湖。桜と紅葉のメッカ

秋川渓谷
全長20km内は、緑とアユが泳ぐ清流、岩が美しい河原など自然が豊か

0　10km

玉川上水
武蔵野の面影を今に残すグリーンベルトを形成

多摩大橋付近の河原
両側を丘陵で挟まれた河原には、イネ科のオギやクレソンが繁茂

二子玉川兵庫島
水と緑に親しめる河川敷を利用した公園やグランドがある

多摩川台公園
S字型に蛇行する川と富士山の眺望、雑木林に棲息する多数の野鳥が魅力

多摩川の河口
羽田空港と、漁村を偲ばせる風景のなか、野鳥や汽水性植物が棲息

新宿から1時間にして奇跡の生物多様性を誇る人気観光地・高尾山（たかおさん）

驚異の生物多様性

　新宿からわずか1時間の場所にある高尾山は、日本でもっとも小さな国定公園（正式名：明治の森高尾国定公園）にある。標高も599mと低く、年間300万人が訪れる一大観光地でありながら、生物多様性の豊かさは他に類を見ない。

　国定公園としての面積は皇居外苑の約7倍の7.77㎢だが、そこに生育する植物は約1600種。高尾山の9300倍もの広さがあるイギリス1国でも約1800種、高尾山の20倍ほどの広さの屋久島（やくしま）でも約1700種といわれているから、いかに高尾山の植物相が多様かがわかる。

　昆虫は約5000種が生息し、日本三大生息地のひとつになっている。チョウやトンボはそれぞれ約80種、カミキリムシだけでも約150種におよび、野鳥も150種ほど確認されている。哺乳類もシカやクマなどの大型動物から、タヌキやアナグマはもちろんヤマネやモモンガまで32種が生息する。

　そして、興味深いのが、高尾山に生育する樹木の種類だ。

高尾山自然研究路マップ

1号路は薬王院（やくおういん）の表参道にあたるルート

2号路では南と北ルートで異なる植生が観察できる

4号路には高尾山唯一の吊り橋がある

山頂は広々していて絶景が望める

ケーブルカーの北側と南側で樹木の植生が変わる

滝や川がある6号路は、マイナスイオンたっぷりの水のコース

稲荷山コースは麓から山頂までのもっともハードな道

北斜面には、ブナやコナラなどの落葉広葉樹、南斜面にはカシやシイ、ヒイラギなどの常緑広葉樹と、くっきり植物相が分かれている。東西に延びる尾根の南斜面には太平洋側からの暖かい風、北斜面には冷たい北風が吹くうえ、暖温帯と冷温帯の境に位置するため、環境に適応した樹木相となったのだ。

山の成り立ちと人の歴史が大自然を守った

自然の宝庫である高尾山の秘密の鍵を握っているのは、その成り立ちだ。高尾山は、約1億年前には海の底だった。プレート移動によって運ばれた海底の一部が隆起して陸地に押し上げられた際、地層はほぼ垂直に傾いた。そこにさらにプレート移動などによる圧力がかかったために地層の間にヒビが入り、地表の雨水が地中にしみこみやすくなった。水は、縦になった地層と地層の間にしみ入り、約15年かけて地中をめぐり、湧き水となって地上に出、やがて水蒸気となり、雲となって雨を降らす。動植物を育むのに欠かせない水の循環が見事に行われているのだ。

また、1200年以上の歴史の中で起きたいくつもの出来事も重要だ。はじまりは天平16年（744）に行基*が薬師如来を祀り、薬王院有喜寺と名付けて山頂近くに開山したこと。以来、霊山として篤い信仰を得てきた。中世には、天正6年（1578）に北条氏照が「竹林伐採禁止」のお触れを出し、高尾山での竹や樹木の伐採を禁じ、背いた者は斬首の処すというほどの厳しい統制を敷いたのだ。徳川の時代になってもその禁伐政策は踏襲され、明治以降は皇室の土地となり、戦後は国定公園に。長い歴史のなかで人々が保護し続けてきた結

果が、今も豊かな森であり続けられる理由といえる。今後もさらなる保護が求められている。

◀山頂の大見晴園地からは富士山や丹沢の山々が一望できる。平坦な広場には、茶屋やビジターセンターも

◀人気の登山道4号路の吊り橋周辺は、冷温帯を好む落葉広葉樹のイヌブナや常緑針葉樹のモミなどが繁茂する

◀1号路を登ると、山頂につく手前30分くらいの場所に薬王院有喜寺がある。写真は御本社

◀ノハラアザミにとまっているのは何百キロも旅するチョウとして有名なアサギマダラ。4〜10月に見られる

◀ユキノシタ科のマルバウツギは樹高1〜1.5mの落葉低木。5弁の白い花は5月頃開花する

◀山道で野生のニホンザルに遭遇することもある。体長47〜70cm。1頭見かけると近くに仲間がいる可能性大

* 行基（668〜749）は、奈良時代に活躍した法相宗の僧。多くの寺院や道場のほか、橋や堤を整備するなど社会事業にも尽力した

計画通り"原生林"に成長した100年前の人工の森、明治神宮の杜

専門家の熱意が政府を動かした

　明治45年（1912）7月30日、明治天皇が崩御し、2年後に昭憲皇太后も崩御した。ご遺言により御陵は京都に造られたが、せめて聖徳をしのぶ神宮を東京に、という国民の声が高まり、神宮の造営が決定する。20近い候補地の中から皇室にゆかりのある代々木の地が選ばれた。

　明治神宮ができる以前の一帯は御料地ではあったが、荒れ地のような景観。そこで、ドイツで林学を学んだ本多静六を筆頭に、林学や造園学の権威が招集された。東京の気候風土や木々の性格を熟知していた彼らは、実現可能な明確な構想をたてた。「50年後、100年後、その後も人の手を加えずとも世代交代を繰り返す永遠の杜をつくる」計画*である。ところが、それが推進されようとしていたとき、時の内務大臣、大隈重信が豪語した。「神宮の森をやぶにするのか。やぶはよろしくない。伊勢神宮や日光東照宮の杉並木のような雄大で荘厳な景観がふさわしい」というのだ。

　当時、代々木を通る現・山手線はまだ蒸気機関車。その煙害や公害の影響、東京の気候風土や関東ローム層の土壌が、スギなどの常緑針葉樹に適さないことを知る本多ら専門家は、幾度となく大隈重信に反対意見をぶつけた。しかし、「不可能を可能にするのが学問の研究だ」と引かない。それでもあきらめなかった本多たちは、あらゆる科学のデータを出し、ようやく納得を勝ち取った。

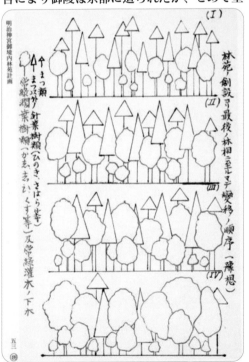

明治神宮御境内林苑計画

100年前の植物遷移図　本多の弟子、本郷高徳が描いた図。黒がマツ類などの針葉樹、赤が常緑照葉樹と低灌木。最初は黒が優位だが、100年後に赤が優勢になることを示している

＊造営計画の検討は、神社建築の第一人者・伊東忠太工学博士、関野貞工学博士、樹林・樹木の専門家である本多静六林学博士や本郷高徳博士など、当代一流の学者、専門家によって行われた

社会

美術・音楽・家庭科

国語

算数

荒れ地から人工林へ、そして構想通りの豊かな原生林へ

当時、計画された森の構想とは、初めに森を形成するアカマツやクロマツを植え、その下に成長の早いヒノキやスギなどの針葉樹を植え、さらに将来の主木となるシイやカシなどの照葉樹を植えるというもの。そうすれば50年後にアカマツやクロマツは針葉樹に押されて枯れていき、100年後にはシイやカシなどの照葉樹が森を占めていく。もともと代々木の風土や土壌が、照葉樹に向いていることもあり、主木の照葉樹は、さらに成長し、豊かな永遠の"原生林"ができあがる、というものだった。

全国から奉納された約10万本の樹木は、11万人の勤労奉仕の人手を得て植樹され、大正9年（1920）11月1日、ご祭神に明治天皇と昭憲皇太后を祀る明治神宮が、森の中で鎮座する日を迎えた。それから100年たつ今、70万㎡の広さを有する明治神宮の杜は、予定よりも早く、樹木のみならず、さまざまな生物をも育む豊かな"原生林"となった。

造営当初、365種約12万本だった樹木は、2013年に発表された境内総合調査報告書によると234種3万6000本に。数や種類が減ったのは、原生林らしく自然淘汰された結果だ。公害などへの耐性が弱い針葉樹が減った代わりに、公害に強いとされる主木の照葉樹が大きく成長していることも確認された。また、新種や絶滅危惧種、都内では珍しい動植物を含む約3000種の生物も確認されている。その中には、大型のカブトムシや、常緑広葉樹が繁る暗い森の地面に育つ、珍しくかつ準絶滅危惧種に指定されているタシロランなども含まれている。

明治神宮の杜 献木と勤労奉仕で造られた森の中央に本殿、南に御苑がある。都心とは思えない静寂に包まれた森だ

▲明治神宮ができる前の様子。大名屋敷は明治時代に国に返還された後、皇室の南豊島御料地になっていた

◀多くの花をつけるタシロランは、常緑広葉樹林に育つ葉緑素をもたない腐生植物。神宮の森で見られる

世界でも貴重なブナ林

秋田県と青森県にまたがる白神山地が世界自然遺産に登録されたのは、世界的にも希少なブナ林が見られるためだ。ブナは温帯林の樹木で、地質時代新第三紀にあたる約3000万年前、地球が温暖だった時代には北半球の極地に近い地域に分布していた。ところが氷河期の到来で寒冷化するにつれ、植生は南下。北方のブナ林は、ヨーロッパとアメリカ東部、そして日本付近の3カ所に分かれていく。その後、ヨーロッパやアメリカのブナ林は、大陸氷河の発達で減少し、氷河におおわれることがなかった日本列島にはかつての純林が残ったのだ。ブナ林が3000万年前の生き残りといわれるのはそのためだ。

檜原村にブナ林が残ったワケ

もともと温帯でも東北のような寒冷地や本州・九州の標高の高い山に自生するブナだが、檜原村にある標高1531mの三頭山の東斜面にも自生してい

▲東京都檜原都民の森の入り口からブナ林が繁る三頭山中央峰までは標高差が500mほどあり、約3時間程度のトレッキングで山頂に着く

る。東西約13.85km、南北約10kmの檜原村の約80%が秩父多摩甲斐国立公園に属し、ブナの原生林が残る三頭山山頂周辺は、国立公園内でも「特別保護地区」に指定されているほど自然環境は貴重。人里に近い場所に自生していたミズナラやコナラ、クリなどの落葉広葉樹林やスギやヒノキなどの常緑針葉樹林は、薪炭に利用されるなど人の手によって管理されてきた。だが、三頭山付近には、人の手が入ることがなかったため、奇跡的に天然のブナ林が残ったのである。

葉の薄い落葉広葉樹のため、陽光が森の地面にまで差し込み、地面では花咲く植物が生育し、そこに昆虫が集まり、それを捕食する鳥類がやってくる。食物連鎖にも一役買っているのだ。また、ブナは水を好むため、ブナが育つ場所の土壌は水分が豊富。土壌は雨水のろ過装置となって、清らかな湧き水をもたらす。ブナが緑のダムといわれるゆえんだ。

ブナ林は森を守るだけでなく、観賞対象としても存在感は大きい。5〜6月の新葉と10〜11月の紅葉期の美しさは格別だ。しかし、温暖化が進行している現代の気候には適していないため、やがて関東の山地から、ブナ林が消えると危惧されている。

3000万年前の生き残り、ブナ林が残る檜原村（ひのはらむら）の原生林

檜原村地図

三頭山の中央峰は標高1531m。山頂からは雲取山が一望できる

ブナ林トレッキングの出発点、都民の森の森林館がある

奥多摩町
御前山
天神山
北秋川
天狗滝
鶴脚山
茅倉の滝
小菅村
三頭山
東京都
檜原村
浅間峠
檜原村役場
あきる野市
三頭大滝
槇寄山
浅間嶺
松生山
秋川
臼杵山
山梨県
上野原市
丸山
南秋川
土俵岳
熊倉山
生藤山

0 2km

三頭山西峰頂上には、かつて皇室の森林だったことを示す標識がある。富士山が眼前に迫る絶景が見られる

途中には、落差35mの三頭大滝がある。滝見橋があり、大滝を間近で見ることができる

社会

―――――

歴史

…P48

江古田植物化石層から見えてくる東京に人が住み始めた旧石器時代

寒冷地だった旧石器時代の東京

松本清張の短編小説『石の骨』で、主人公は原人の骨を発見し、研究者としての道を歩む。そのモデルとなったのは、考古学者であり古生物学者の直良信夫（1902～1985）博士だった。太平洋戦争の東京空襲の際、実際に発見した明石原人の骨と考えられた化石が焼失したため、原人の骨の真偽は謎に包まれたままだが、彼が発見した江古田植物化石層は、日本にも氷河期が存在したことをはじめて証明することとなる大偉業となり、さらなる博士の研究から、旧石器時代や縄文時代*の東京人の足跡が見えてきたのである。

昭和12年（1937）、直良博士は水道管理設工事の際、地下2m前後にある厚さ2mほどの土層から、カラマツやチョウセンゴヨウ、トウヒなどの針葉樹の化石を発見した。その土層は約2万7000年前のもので、当時の東京の気温が、現在の平均気温より7℃ほど低く、標高1500mの亜高山帯に相当し、針葉樹林や低い灌木が混在していたことが判明した。気候は、現在の福島県、新潟県、群馬県にまたがる尾瀬と同じくらいだったのだ。

旧石器時代の遺跡が発見された場所

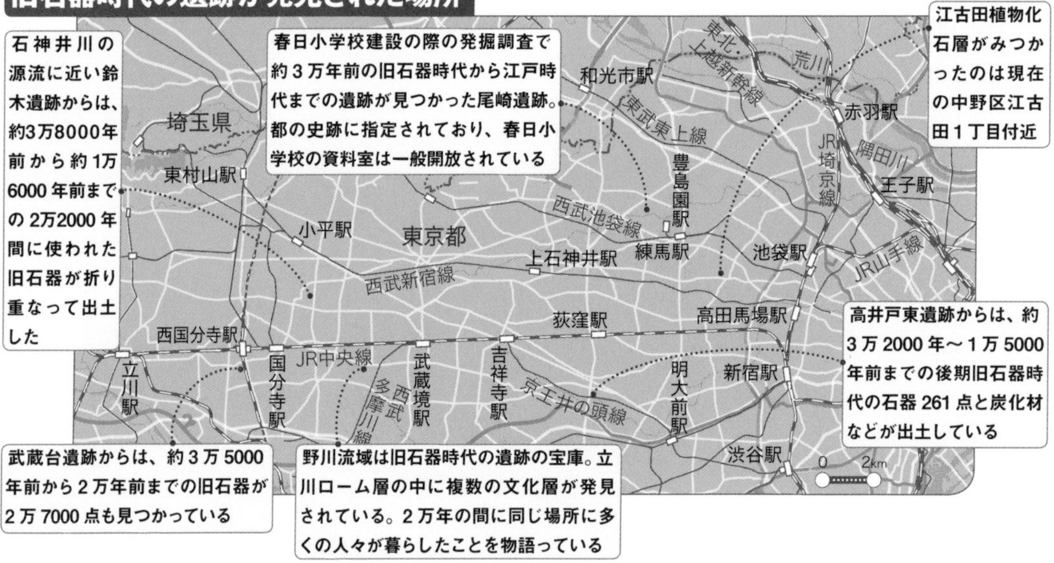

石神井川の源流に近い鈴木遺跡からは、約3万8000年前から約1万6000年前までの2万2000年間に使われた旧石器が折り重なって出土した
春日小学校建設の際の発掘調査で約3万年前の旧石器時代から江戸時代までの遺跡が見つかった尾崎遺跡。都の史跡に指定されており、春日小学校の資料室は一般開放されている
江古田植物化石層がみつかったのは現在の中野区江古田1丁目付近
高井戸東遺跡からは、約3万2000年～1万5000年前までの後期旧石器時代の石器261点と炭化材などが出土している
武蔵台遺跡からは、約3万5000年前から2万年前までの旧石器が2万7000点も見つかっている
野川流域は旧石器時代の遺跡の宝庫。立川ローム層の中に複数の文化層が発見されている。2万年の間に同じ場所に多くの人々が暮らしたことを物語っている
埼玉県
東京都
東村山駅
小平駅
西武新宿線
和光市駅
東武東上線
東北・上越新幹線
荒川
赤羽駅
JR埼京線
隅田川
王子駅
豊島園駅
西武池袋線
練馬駅
上石神井駅
池袋駅
JR山手線
荻窪駅
高田馬場駅
西国分寺駅
立川駅
国分寺駅
JR中央線
西武多摩川線
武蔵境駅
吉祥寺駅
京王井の頭線
明大前駅
新宿駅
渋谷駅
0 2km

＊縄文時代の期間については、はじまりを1万2000年～1万6000年前、終わりを2300年～2900年前とするなど諸説ある

◀中野区の東橋の脇には、江古田植物化石層発見の地を示す標識が立っている

◀江古田の森公園内には、植物遺体が発見された地層が年代別にわかりやすく展示されている

◀昭和13年に直良信夫が記述した江古田史前泥炭層で見つかった植物遺体。1：トチノキ　2：オニグルミ　3〜23:カラマツ　24〜25：不明　26〜28:イラモミ（出典：国立歴史民俗博物館研究報告第209集）

旧石器時代の東京人の生活ぶり

　そんな気候のなか、人々は確実に生活を営んでいた。東京の地下には4層からなる関東ローム層があるが、江古田植物化石層は最上層の立川ローム層に相当する土層から見つかっている。そしてこの立川ローム層から出土されているのが、旧石器時代の数々の石器群なのである。旧石器時代の出土品は、中野

区の江古田からそう遠くない杉並区の高井戸東遺跡や小平市にある鈴木遺跡、練馬区の尾崎遺跡、府中市の武蔵台遺跡、調布市の野川遺跡など広範囲におよんでいることから、今から約3万年前から1万2000年前の旧石器時代、東京では広範囲で人々が生活していたことが裏付けられた。

　石器の中には、大型の動物を仕留めるために使われたと思われる槍や、ナイフ形石器、木などをけずるための削器のほか、皮をなめすための掻器など多様な道具が含まれている。

　一方、住居の痕跡は発見されていないため、この時代の住居が簡易的なものであったのではと推測されている。また、後期旧石器時代の遺跡は、野川や石神井川、仙川、目黒川などの小河川の流域に点在しているうえ、規模が大小まちまちであることから、それぞれの遺跡が同時期だったかは不明ではあるものの、大規模な遺跡は人々が長期間、生活の拠点とした場所で、小規模な遺跡は、狩りのためなど仮住居だったのではと考えられている。大型の動物を狩猟し、いなくなれば移動するなど、ハンター生活をしていた東京の古代人の生活が見えてくる。

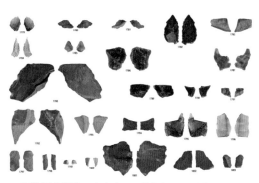

▲高井戸東遺跡から出土した後期旧石器時代の石器は261点に及び、いずれも国の有形文化財に指定されている（写真提供：杉並区教育委員会）

温暖な気候が文化の発展に拍車をかけた縄文時代の東京

地形や生物、気候に大きな変化が到来

　江古田植物化石層に見られるような最終氷期の時代が過ぎ、地球が温暖な間氷期に入った頃、縄文時代*の東京にも数々の変化が訪れた。その変化は文明の始まりをもたらした。

　地球の温暖化により、気温が上がると、植生の主体は寒冷地向きの針葉樹から暖温帯地向きの照葉樹や落葉広葉樹へと変化し、ナウマンゾウなどの巨大動物は姿を消したが、ツキノワグマやカモシカ、ニホンジカやイノシシなどの大型動物やノウサギやタヌキなどの中・小動物が登場した。

　また、気温の上昇により北半球の巨大な氷床が融解して海水面が上昇したため、武蔵野台地（☞P34）と千葉を形成する下総台地の間にあったいくつもの谷に海が進行。この現象は「縄文海進」と呼ばれ、ピークは7000〜6000年前に訪れたとされている。当時の気温は、現在より数℃以上高く、海水面も2〜3mも高かったといわれる。

遺跡名	場所	時代	主な出土品
前田耕地遺跡	あきる野市	草創期	浅く掘っただけの住居跡や石槍を中心にした石器など
中之平遺跡	檜原村	早期	土器や石器
和田西遺跡	多摩市	前期	集落跡、竪穴住居跡（13棟のうち7棟が通常の7倍以上の大きさの約120㎡だった）
居木橋遺跡	品川区	前期	土器、クジラの骨製の骨器、貝類
郷田原遺跡	八王子市	前期〜後期	竪穴住居跡21棟
下里本邑遺跡	東久留米市	中期	竪穴住居跡
		各時代	石器
下野谷遺跡	西東京市	中期	竪穴住居跡340棟、掘立柱建物跡、土坑・集石など
恋ヶ窪遺跡	国分寺市	中期	墓域とみられる土坑群、竪穴住居跡200棟、焼人骨など
椚田遺跡	八王子市	中期	竪穴住居跡50棟以上、土器多数
北江古田遺跡	中野区	中期・後期	土坑からザルかカゴとみられる編み物、土器
寺改戸遺跡	青梅市	後期	土坑、注口土器やコップ形土器
武蔵野公園低湿地遺跡	小金井市	後期	竪穴住居跡、土器捨て場と考えられる遺構、漆塗りの櫛など
なすな原遺跡	町田市	後期〜晩期	住居跡や集落跡、土器や土偶
下宅部遺跡	東村山市	後期・晩期	水を利用した遺構、土器、石器、植物遺体、獣骨や貝類などの動物遺体
田端遺跡	町田市	後期・晩期	環状積石遺構（ストーンサークル）、土坑墓からは耳飾りや玉類、完全な形の土器も出土
下布田遺跡	調布市	晩期	墓地、祭祀的な性格をもったとされる遺構

（左欄見出し：縄文時代を示す遺跡）

* 縄文時代の年代については、はじまりを1万2000年〜1万6000年前、終わりを2300年2900年前とするなど、諸説ある

海岸沿いでは食料となる魚介類に恵まれ、豊かな森では、木の実や小動物などのたんぱく源が豊富に入手できたため、人々は村をつくって定住していった。縄文時代の幕開けだ。

都内に点在する縄文遺跡

縄文時代は長く、今から約1万2000年前から約2400年前までをさす。あまりに長期にわたるうえ、途中で気温や海進の進み方に変化が起こったため、生活形態も一様ではなかったといわれる。そこで、1万2000年～1万年前までを縄文時代の草創期、1万年～6000年前を早期、6000年～5000年前を前期、5000年～4000年前を中期、4000年～3000年前を後期、3000年～2400年前を晩期と区分している。そのすべての時代の遺跡が、都内に数多く点在しているのだ。それぞれの遺跡では、各時代の特徴を表す出土品が見つかり、縄文時代の東京で、人々が活発に生活していたことがわかっている。

どの時代にも共通するのは、弓矢と土器の出現だ。弓矢は狩猟生活に欠かせない道具として珍重され、粘土を焼くと硬くなり、器として使えることを知った縄文の人々は、芸術的ともいえる美し

現在は再現された環状積石遺構を展示

▲田端遺跡からは、3500～2800年前の縄文後期中頃から晩期中頃までに構築された環状積石遺構が出土した。東西約9m、南北約7mの楕円形で、その下には墓跡30基もあった。写真はその再現レプリカ

い土器を生み出した。

住居も旧石器時代から変化している。草創期はまだ形も不安定だったが、前期にはすでに竪穴住居が造られるようになり、方形の住居の室内には炉が設けられていた。縄文時代を象徴する中期の住居は、地面を深さ50cm～1mの円形に掘り下げた半地下式の竪穴住居で、室内には暖を取るだけでなく調理用の炉も設けられていた。一般的な竪穴住居の面積は12～16㎡だったとされる。また、後期になると、祭祀なども行われるようになり、精神的文化も発達していったとみられている。

海沿いの遺跡は貝塚（☞P54）の項目で紹介するとして、P50の表では特に武蔵野台地に見られる主な遺跡と出土品を紹介する。

縄文時代を今に伝える
椚田遺跡公園

昭和50年（1975）に発掘された椚田遺跡は、縄文時代中期の典型的な集落で、保存状態が非常によかったために、昭和53年に国の史跡に指定された。

出土物は郷土資料館に収蔵されて一部を一般公開。遺構は土を盛って保存され、遺跡公園として整備された。縄文時代に生育していたと思われる木々が植樹され、一帯が縄文時代を彷彿とさせる。

◀椚田遺跡公園には、縄文土器のモニュメントが展示されている

◀3棟展示されている住居跡のひとつの敷石住居跡。縄文時代中期以降の遺構とされる

縄文時代も
都内有数の住宅地だった
多摩ニュータウン

快適だった多摩ニュータウンでの縄文時代の生活環境

東京オリンピックが開催された翌年の昭和40年（1965）、稲城市・多摩市・八王子市・町田市にまたがる日本最大規模の多摩ニュータウン計画が決定された。当時のその地域は、農家は点在するものの雑木林に覆われた未開発の地。手つかずゆえに、古代遺跡の存在も知られていたため、土地開発を前に大規模な調査が行われた。その結果、旧石器時代から江戸時代までの数多くの遺跡が発見された。中でも多かったのが縄文時代中期の遺跡だ。建設予定地で確認された遺跡は964カ所。そのうちNo.72遺跡は縄文時代中期の住居跡が275軒と140基の墓壙のほか、出土した土器の総数は100万点を超えるものだった。

多摩ニュータウンは、まさに縄文時代も一大住宅地だったことが判明したのだ。

発掘された遺跡が語るのは、縄文中期の人々の暮らしだ。東西約14 km、南北約2〜4kmにわたって細長く広がる多摩ニュータウンは、東

多摩ニュータウン遺跡の分布図

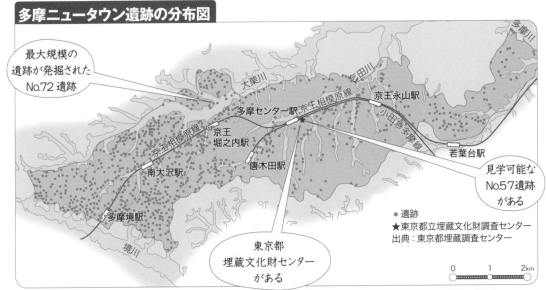

最大規模の遺跡が発掘されたNo.72遺跡

大栗川

乞田川

多摩川

京王相模原線

京王永山駅

多摩センター駅

京王堀之内駅

京王相模原線

唐木田駅

小田急多摩線

若葉台駅

南大沢駅

見学可能なNo.57遺跡がある

多摩境駅

境川

東京都埋蔵文化財センターがある

● 遺跡
★東京都立埋蔵文化財調査センター
出典：東京都埋蔵調査センター

0　　1　　2km

多摩ニュータウン遺跡とは、多摩ニュータウン開発事業区域内で発見・調査された遺跡の総称。1〜964の番号が振られている

に多摩川、西に境川、北に大栗川、南に三沢川が流れる丘陵地。およそ5000年前、一帯には落葉広葉樹や照葉樹の森が広がり、森では山菜や木の実や食料となる獣が棲息、川では魚が獲れ、豊かな自然環境を背景に安定した生活を送ることができた。それがここに多くの人が住みついた理由だ。

完成されたムラ社会では、周辺地域との交流もあった

多摩ニュータウンにある遺跡は、それぞれ番号がついているが、数多くの遺跡の中でもNo.72遺跡は最大規模で、東西約200m、南北約100mの楕円形をしている。

遺跡の中央には直径30〜40mの広場があり、それを墓壙が取り巻き、さらにその外側を住居跡が囲む「環状集落」。ひとつの環状集落がひとつのムラを形成していたとされる。住居は竪穴式で、ムラの決められた場所にある「捨て場」では、土偶や石棒など、儀式や祭で使われたと考えられている道具が見つかっている。また、丘陵地の斜面には、脚の速いイノシシやシカなどを捕獲するために掘られた無数の「陥し穴」もあった。深さ約2m×直径約1.5mの陥し穴は、弓矢では狩猟が難しい動物を仕留めるための新たな狩りの方法だったのだ。そして、クリやナラ、クルミなどの実を加工したり、保存したりしておくための土器や石器も数多く出土している。

多数の遺物の中には、黒曜石やヒスイなど、この地では産出されない石材で造られた石器も数多く出土している。矢じりやナイフの素材として使用された黒曜石は、長野の和田峠や霧ヶ峰、箱根や伊豆諸島の神津島からもたらされ、装身具に用いられたヒスイは新潟県姫川流域から運ばれたという。縄文時代の人々は、遠方のムラの人々とも盛んに交流し、物や情報の交換もしていたのだ。

現在も人口は増加中。縄文時代も今も、多摩ニュータウン地域が、人々にとって住みやすい場所であることは、事実のようだ。

◀昭和45年（1970）のNo.57遺跡の様子。中央の丘が現在の遺跡庭園「縄文の村」

◀上の写真の2005年の様子。水田は姿を消し、多くの建物が立つ

◀2019年の多摩ニュータウン。2020年10月1日現在の人口は10万772人で1年前より1120人増加している

▲遺跡庭園「縄文の村」は、1987年に多摩ニュータウンNo.57遺跡を保存するために整備された。写真は、約4500年前の住居跡をモデルに復元された縄文時代中期後半の竪穴住居。床の長径5.3m×短径4.8mの楕円形だった

水産加工場まであった！
多くの貝塚が示す
縄文時代の東京の海岸線

▲昭和61年(1986)に大森貝塚で発掘された土製の耳飾り。直径3.8cm。（品川区立品川歴史館所蔵）

モースが発見した大森貝塚

　明治10年（1877）、腕足類の研究のために来日していたアメリカ人の動物学者エドワード・シルベスター・モースは、横浜から東京へ向かう汽車の窓から線路脇の地面に白い貝殻が散らばっているのを認めた。モースは早速、発掘調査に乗り出した。そして調査研究の結果、それは縄文時代後期から晩期の貝塚＊であることがわかったのである。この調査は日本初の貝塚発掘調査となり、大森貝塚と命名されたこの貝塚からはハマグリを中心にアサリやイタボガキ、ハイガイなどの貝類とともに、多くの土器や石器、骨角器などが掘り出されたのである。

　貝塚自体は全世界に見られるが、日本の縄文時代のものがもっとも数が多く、内容も豊かだとされている。

　大森貝塚は、近年では、昭和59年と平成5年にも発掘調査が行われ、住居跡や装身具のほか、魚や動物の骨なども大量に見つかっている。その際に発掘された遺物は、大森貝塚碑のある大森貝塚遺跡庭園に近い品川歴史館に展示されている。

	遺跡名	場所	主な出土品
東京の主な貝塚と出土物	大森貝塚	品川区大井	ハマグリ、アサリ、ハイガイほか、土器、石器、鹿角製釣り針、貝輪、土製耳飾り
	伊皿子貝塚	港区三田	ハイガイ、マガキが全体の8割、スズキやボラ、クロダイなどの魚、貝の加工処理を行ったとみられる火の跡
	西ヶ原貝塚	北区西ヶ原	ヤマトシジミ、ハマグリ、カキ、アサリなどの貝類、クロダイ、スズキ、コイなどの骨、住居跡、土坑、土偶、土器、石器、貝輪、土板、石棒など
	小豆沢貝塚	板橋区小豆沢	ハマグリ、カキ、ハイガイ、アサリ、オキシジミなどの海水性の貝、ヤマトシジミなどの汽水性の貝、スズキ、クロダイ、コチなどの汽水性の魚や外洋性のマグロの魚骨、縄文中期〜晩期の土器、土偶、土製耳飾り、サンゴの装飾品など
	日暮里延命院貝塚	荒川区西日暮里	ハマグリ、マガキ、ヤマトシジミが全体の9割、スズキ、クロダイなどの魚骨、シカやイノシシの獣骨、石器、土偶、土器、オオヤマネコの犬歯でできた装身具、サメの歯でできた錘、タカラガイの加工品など
	下沼部貝塚	大田区田園調布本町	オキシジミ、オオノガイ、マガキなどの貝類、縄文晩期の住居跡2棟、土器や石器各種、土製の耳飾り、土偶など
	中里貝塚	北区上中里	最大で厚さ約4.5mの貝層、カキやハマグリ。土坑やたき火跡、木道など

縄文中期〜後期の海岸線

　国の史跡にも指定されている大森貝塚は、品川区の大井にあり、海岸線からはやや内陸に位置する。東京にある約105カ所の貝塚は、大森貝塚同様、現在の海岸線より内陸で、武蔵野台地の東の縁に位置している。今より海水面が高かった当時の海岸線に沿って集中していることがわかる。

　なかでも最大規模は、JR上中里駅と田端駅の間に位置する中里貝塚だ。武蔵野台地の東縁部の直下で、東京低地の西端部に位置するこの周辺は、まさに海岸だったと思われる。その証拠に、厚さ4.5m以上、長さ約1km、幅70〜100mの日本最大級の中里貝塚から発掘された貝類のほとんどがカキとハマグリで、土器や石器など、人が住んでいたと思われる遺物は見つかっていない。居住を示す遺物はないが、焼き石を投入して水を沸騰させ、貝のむき身を取ったと考えられる土坑や、たき火跡、木道などが見つかっており、ここで大量の干し貝が製造されていたと考えられている。いわば水産加工場で、加工品は内陸へ運ばれて、交易品にされたと推測されているのだ。

　武蔵野台地の東縁部で発見された貝塚には、港区高輪台に近い伊皿子貝塚や、北区にある西ヶ原貝塚、板橋区の小豆沢貝塚、荒川区の日暮里延命院貝塚などがあり、北区の西ヶ原貝塚はモースの弟子のひとり、石川千代松によって発見された。いずれもハマグリやカキなどが主流だが、なかには汽水性の貝や魚、

マグロのような外洋性の魚の骨も見つかっており、当時の陸地と海岸の状況を知る大きな手掛かりとなっている。

▲明治10年にモースが行った貝塚発掘の様子。大森貝塚は「日本考学発祥の地」と呼ばれる（品川区立品川歴史館所蔵）

▲貝塚発掘地に開園した大森貝塚遺跡庭園には、モースの胸像や貝層の剥離標本などが展示されている

▲大森貝塚遺跡庭園内に設けられた、貝塚をモデルにした貝層の回廊

古墳時代の
時の権力者が眠る
田園調布の今昔

田園調布界隈は古墳の宝庫

古墳時代から墓は次第に大型化し、奈良の前方後円墳をきっかけに、古墳造営は全国に広がった。古墳は単に墓である以上に、権力者が自身の力を民衆に示すためのモニュメントでもあった。東京にも古墳は703カ所近く確認されているが、西部の多摩地区にはほとんど見られず、多くが東京の東部に集中している。なかでも田園調布エリアに多い。

筆頭は、多摩川に沿った丘陵地に約750mにわたって続く多摩川台公園だ。自然林の中に散策路や水生植物園、野草園があり、憩いの場となっている公園に、なんと古墳が3カ所並んでいる。中央にあるのが多摩川台古墳群で、すぐ南には亀甲山古墳、北側には宝萊山古墳がある。

多摩川台古墳群には、古墳時代後期にあたる6世紀前半から7世紀中頃にかけて造られた8基の古墳が連なる。代表的な前方後円墳は、6世紀前半に造られた円墳の2号墳を前方部に利用し、6世紀後半築造の全長39m、後円径19.5m、前方部の幅17mの1号墳を合わせたもの。その後、3号墳から7号墳が造られ、最後の8号墳は7世紀中頃に築造された。古墳の一部の石室からは、直刀や鉄鏃*などの武具や、耳飾りなどの装身具、馬具の轡のほか、食器と思われる複数の土器も出土している。

最古の古墳は、古墳時代前期の4世紀前半に造られた宝萊山古墳で、築造当時は、墳

大田区と世田谷区の古墳群

0　500m

野毛大塚古墳は、都内有数の規模を誇る帆立貝形古墳

御岳山古墳からは埴輪や武器なども出土している

宝萊山古墳。この地区の3つの古墳のなかで最古のもの

亀甲山古墳は、国の史跡に指定されている前方後円墳

多摩川台古墳群は、8基の古墳からなる

等々力駅　尾山台駅　目黒区　大岡山駅
玉川IC　自由が丘駅
東急大井町線
環八通り
東京都世田谷区
高津区
多摩川
田園調布駅
多摩川台公園
京浜川崎IC
神奈川県川崎市　多摩川駅
等々力緑地
JR南武線
武蔵新城駅
武蔵中原駅　武蔵小杉駅　大田区
東急東横線　東海道新幹線　東急池上線
JR横須賀線

丘の長さ97.5m、後円部の直径52m。前方部の幅37m、後円部の高さ11m、前方部の高さが8mの規模で、後円部は3段、前方部は2段の築成であったと推測されている。残念なことに、昭和初期の工事で後円部の多くを失ったが、前方部は古の姿を今に伝えている。

その後に造られたと考えられているのが亀甲山古墳だ。国の史跡に指定されている前方後円墳で、墳丘の長さは107.3m、後円部の直径は66m、後円部の高さ約10m、前方部の高さ7.6mで、墳丘の途中に平坦部分を設けた二段築成と推測されている。この古墳は発掘調査がされていないため、築造年は不明だが、形が京都府天皇の杜古墳と奈良県佐紀陵山古墳に類似していることから、古墳時代前期の4世紀後半と考えられている。

世田谷区に残る2つの古墳

多摩川を北上した玉川野毛町公園と等々力渓谷公園の古墳も、出土品が国の重要文化財に指定されているほど貴重なもの。野毛大塚古墳は、5世紀築造とされる帆立貝形古墳。円丘の一方に小さな方形がついた形で、平面の形が帆立貝に似ていることからその名がついた。古墳時代中期に多い形で、野毛大塚古墳は周濠を含めると全長104m、墳丘長82mもあり、都内有数の規模を誇る。古墳の頂上に

◀多摩川台公園の中央を占める多摩川台古墳群（都史跡）。古墳展示室には、実物大の古墳のレプリカが再現されている（撮影：森昭）

は4つの埋葬施設があり、全出土品は2900点余りにおよぶ。埋葬施設内にあった箱型の木棺からは、直刀や太刀、鉄剣などの武具のほか、勾玉や管玉、ガラス玉などの装飾品、斧や鎌などの農具を模した副葬品など広範にわたる遺物が出土した。

等々力渓谷公園の南東に隣接する御岳山古墳は、全長54m。後円部の直径40m、高さ7mで、野毛大塚古墳に次ぐ規模の大型帆立型古墳。短甲や鉄製の武器のほか、周囲の溝からは埴輪も出土している。野毛大塚古墳から半世紀ほど後の5世紀中頃の築造と考えられている。

田園調布、野毛、等々力という現在の高級住宅街に、古墳時代も時の権力者が埋葬されたことは何を示しているのだろうか。

亀甲山古墳

◀立川市から続く約30kmの国分寺崖線（☞P108）の台地上には50基の古墳があるが、国史跡の亀甲山古墳はなかでも最大の規模を誇る（撮影：森昭）

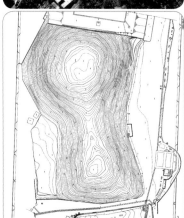

◀亀甲山古墳の平面図。前方後円墳であることがよくわかる。前方部は水生植物園方向を向いている

日本史に残る大発見！
"弥生時代"命名の
ルーツは東京にあった

時代の名となった小さな町

　日本の古代史において、縄文時代と古墳時代の間をつないでいるのが弥生時代だ。紀元前4世紀から紀元後3世紀までの600〜700年を指し、1万年以上続いた縄文時代と比べると極めて短く、都内で発掘されているこの時代の遺跡も縄文時代のものと比べるとはるかに少ない。が、時代名称のルーツは東京にあった。

　明治17年（1884）、当時、東京大学予備門の学生だった有坂鉊蔵は、大学近くの東京府本郷区向ヶ岡弥生町（現文京区弥生）で、赤焼きの壺を見つけた。頸部から上の部分こそ欠けていたものの、表面が滑らかですっきりした形の壺は、それまで知られていた縄文土器とは、明らかに異なる印象。後の研究の結果、その壺は、発見された町名から"弥生式土器"と名付けられ、その時代は"弥生時代"と呼ばれることになった。

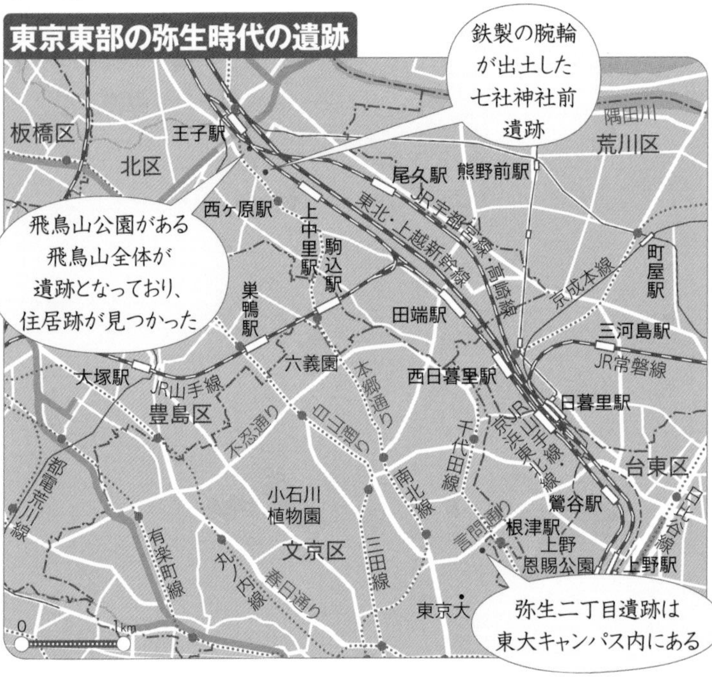

　弥生式土器の正確な発見地がどこであるかは、都市化が進む中ではっきりしなくなったが、昭和49年（1974）の東京大学本郷キャンパス内の発掘調査で、幅2m前後の二条の溝と貝層のほか、弥生式土器が発見された。そこが最初の土器の発見場所かどうかは、現在も調査研究が続けられているが、それが都市部には数少ない弥生時代の貝塚をともなう遺跡であることは間違いなく、その重要性が評価され、「弥生二丁目遺跡」として国の史跡に指定された。

東京東部の弥生時代の遺跡

鉄製の腕輪が出土した七社神社前遺跡

飛鳥山公園がある飛鳥山全体が遺跡となっており、住居跡が見つかった

弥生二丁目遺跡は東大キャンパス内にある

東京大学浅野地区工学部の敷地に、平成18年(2006)年に建てられた弥生二丁目遺跡を示す標識

▶最初に発見され、弥生式土器と命名された土器。頸部から上は欠損した状態で見つかったが、薄手で褐色に焼き上げられている点など、縄文式土器との違いが明確とされた(東京大学総合研究博物館所蔵)

弥生二丁目遺跡と飛鳥山遺跡が語る弥生文化

　弥生文化は、大陸から伝播した水稲耕作を基盤にする最初の文化だった。残念ながら、弥生二丁目遺跡や都内東部にある遺跡からは、水稲耕作の跡は見つかっていない。しかし、出土した遺物から弥生時代の生活風景が見えてきた。東京東部の弥生二丁目遺跡と飛鳥山遺跡から判明したのは、弥生の人々が「環濠集落」を形成していたことだ。

　環濠集落とは、ムラの周囲に濠をめぐらした集落のこと。農耕が始まった8000年前の中国で見つかり、紀元前5世紀頃に水稲耕作と同時に九州地方に伝わった。濠は人の背丈よりも深く、飛び越えられないほどの幅があり、中には幾重にもめぐらされている濠もあったことから、敵から身を守る防御機能を備えていたか、結束力を高めるための共同作業

として掘削されたと推測されている。弥生二丁目遺跡の溝は、二条あり、東西約80m、南北約160mの規模。

　一方、桜の名所、飛鳥山公園がある飛鳥山は、武蔵野台地の北端で東京低地との境にあり、全体が飛鳥山遺跡となっている。発掘の結果、ここでも弥生時代の遺構が見つかった。ムラの周囲には、幅約5m、深さ約2mのV字形の濠が、長径約260m、短径約150mにわたってめぐらされており、東日本では最大級の環濠集落であることが判明した。造られたのは約2000年前とされ、遺跡からは土器や石器も出土し、弥生二丁目遺跡と同様に環濠の外側には、方形周溝墓も見つかっている。近くにある田端西台通遺跡では、方形周溝墓から長さ約42cmの鉄剣やガラス小玉、七社(ななしゃ)神社前遺跡では、土壙墓(どこう)と呼ばれる墓から鉄製の腕輪も出土している。弥生時代の墓は、次に訪れる古墳時代の礎となっていく。

▲飛鳥山遺跡の遺構を展示する北区飛鳥山博物館には、実物大で復元された弥生時代の竪穴住居が展示されている

◀田端西台通遺跡で出土したガラス小玉は10点。玉の径は約5mm(ともに写真提供:北区飛鳥山博物館)

古代武蔵国の中枢部
"国府（こくふ）"が置かれた
現在の府中市

昭和50年（1975）以降の調査で、国衙があった場所が明らかになり、史跡整備地となっている

律令制（りつりょうせい）のもとで成立した東国の大国、武蔵国

　大陸で隋が滅び唐の時代になると、律令を基本とする中央集権的国家体制が発展した。

　大和国（現・奈良県）からたびたび送られた遣唐使が持ち帰った律令制とは、刑罰について規定する「律」と、政治・経済など行政全般に関する規定「令」を定めた法。大化元年（645）の大化の改新により律令制に基づく新しい国づくりが始まり、大宝元年（701）の大宝律令により、中央集権は強化され、天皇が君主となり、中央や地方の豪族と人民を統治する仕組みが出来上がった。この時、成立した地方の国のひとつが武蔵国で、その領地は、現在の東京都

奈良・平安時代の武蔵国全図

0　10km

下野国
上野国
加美郡
児玉郡
那珂郡
榛沢郡
幡羅郡
大里郡
男衾郡
横見郡
比企郡
埼玉郡
常陸国
秩父郡
荒川
入間川
元荒川
古利根川
下総国
高麗郡
入間郡
足立郡
新座郡
甲斐国
多摩郡
（多麻郡）
多摩川
国府
豊島郡
荏原郡
橘樹郡
都筑郡
相模国
久良郡
東京湾
駿河国
相模湾

郡名がある一帯が武蔵国の領土

古代、東国の一大国だった武蔵国の領土は広く、現在の東京都と埼玉県ほぼ全域のほか、川崎市や横浜市など神奈川県（相模国）の一部をも含んでいた。東は元荒川、北は利根川が境となり、千葉県（下総国）や茨城県（常陸国）、栃木県（下野国）、群馬県（上野国）、山梨県（甲斐国）に接していた。国内は、最大規模の多摩郡をはじめ21の郡で構成されていた

＊中世には下総国葛飾郡の一部を編入し、多麻郡が2郡になるほか、『拾芥抄（しゅうかいしょう）』『曽我物語（そがものがたり）』では24郡と伝える

の隅田川以西のほぼ全土と、埼玉県、神奈川県の川崎市や横浜市を含む北東部に及んだ。

律令制下の地方行政区画として「五畿七道」があった。五畿とは、大和や山城など中央に値する近畿の5国で、七道とは、東山道、東海道、北陸道、山陽道など日本各所に向かう7つの道。その道上に造られた国に、今でいう県庁所在地のような国府を置き、統制を取ろうと試みたのだ。武蔵国の国府が置かれたのは、現在の府中市。役所がならぶ官庁街は国衙と呼ばれ、武蔵国の国衙は、南北約300m、東西約200mの広さで、大國魂神社境内と東側の宮町一帯にあった。

また、武蔵国には、豊島郡、足立郡、荏原郡など21*の群があり、その郡を束ねていたことになる。現在の東京都をしのぐ大きさだったのだ。

国府の隣町に置かれた国分寺

一方、天平13年（741）に聖武天皇が、疫病と飢饉に苦しむ国民を救おうと鎮護国家を祈願して全国に「国分寺建立の詔」を発すると、東大寺の盧舎那仏像の建立をきっかけに、各地に国分僧寺と国分尼寺が建てられていった。武蔵国の国分僧寺と国分尼寺が建てられた寺域は、推定で東西約880m、南北約550mという広大さ。建立は、天平宝字年間（757〜765）で、約20年の歳月をかけて建

◀国府が置かれた現在の府中市宮町で出土したセンと呼ばれる古代のレンガ（府中市蔵）

てられたという。寺域内には、本尊を安置する金堂、経典の講義などをおこなう講堂、七重塔、鐘楼や中門が配され、七重塔の高さは、約60mで、現存する最大の木造建築物・京都東寺の五重塔の高さ約55mを超える規模だったと推測されている。いかに、武蔵国の勢力が強大だったかがうかがい知れる。

往時の寺は、緑と湧水が豊富な国分寺崖線*の台地にあり、西南に富士山を望む絶景の地にあったという。国分尼寺は廃寺となったが、国分僧寺の武蔵国分寺は、分倍河原の戦いで焼失後、新田義貞の寄進により薬師堂が再建された。しかし、それも老朽化したため宝暦年間（1751〜1763）に現在の医王山最勝院国分寺として建て替えられ、国の重要文化財に指定されている本尊の薬師如来像とともに、古の武蔵国の栄華を今に伝えている。

▲七重塔を立地の良い場所に建立するよう示した詔に準じて、富士山を望む景勝地に建てられた武蔵国分寺僧寺のイメージ図（武蔵国分寺跡資料館蔵）

▲武蔵国分寺境内にある万葉植物園。国分寺が建立された頃に編まれた万葉集にちなみ、歌に詠まれた植物が植えられている

徳川綱吉は名君だった?

徳川15代将軍の中で暗愚な将軍といえば、5代将軍綱吉を思い浮かべる方が多いのではないだろうか。昔学校の歴史の授業で、犬を極端に愛護する「生類憐みの令」を出して違反者を多数処罰し、犬公方と憎まれたと習ったからだろう。

綱吉はもともと将軍になる予定ではなかった。兄の4代将軍家綱が跡継ぎをもうけずに死去したので、急に嗣子となり5代将軍に就任したのだ。一説によれば、幕府の閣僚（老中など）は、皇族を次の将軍に迎えようとしたという。というのは、家綱が幼くして将軍になり、成人しても大奥に入り浸りで、政務をみたのは老中たちだったから。つまり、将軍などお飾りでよいと考えたというのだ。

いずれにせよ、綱吉は館林藩主から将軍の地位についたときにはすでに、35歳の壮年であった。当初は大老の堀田正俊に政務を委ねていたが、その正俊は貞享元年（1684）に江戸城中で稲葉正休に刺殺されてしまう。

それ以後、綱吉は積極的に政治に関与するようになった。とくに代表的な政策が、冒頭で述べた生類憐みの令である。20年以上にわたって百数十回も発令された動物愛護に関する法律の総称だが、最初の法令は翌貞享2年に出された「将軍が道を通過するとき、犬や猫を繋がずに放しておいてかまわない」というものだった（異説あり）。それが、魚や鳥を生きたまま食用として売るな、犬や猫に芸を仕込んで見世物にするな、犬に危害を加えた者を見たら密告しろ、鰻やどじょうを販売するな、釣りもダメと、過激で異常な内容になっていった。

だから庶民は飼い犬を傷つけたら大変だと捨てるようになり、江戸市中に野犬が急増。でも、怖がって誰も餌を与えないので、腹をすかせた犬が子供を襲うようになる。すると綱吉は驚くべき政策をとる。次々と大きな犬屋敷をつくり、犬を収容しはじめたのだ。中野の犬屋敷は広さが約30万坪におよび、10万〜20万頭を飼育。施設には犬医者（獣医）も常駐した。犬の餌代は今の金額に換算して70億円に達し、幕府はその金を人びとから徴収した。

綱吉がこんな奇妙な政策をおこなったのは、跡継ぎに恵まれなかったからとされる。綱吉の母・桂昌院が僧の隆光に相談したところ、「前世で多くの殺生をおこなった報い。生き物をいつくしみ、殺生を禁ずれば男子に恵まれます。将軍は戌年生まれですから、犬を保護するとよいでしょう」と助言されたからだという。

この話は『三王外記』という古記録に載るが、近年は史実でないことがわかっている。また、法令に触れた人々を毎日50人殺したとか、蚊を叩いて潰しただけで島流しになったとか、病気の息子のために燕の肝を食べさせようと、燕を吹き矢で殺した父親は子供と

一緒に処刑されたというが、これらの逸話もすべてウソだ。研究者の山室恭子氏が調べたところ、生類憐みの令で処罰された例はわずか69件、うち死刑は13件。さらに地方では法令は遵守されなかったという。

とはいえ、生類憐みの令の内容は極端である。なぜこんな法律を出したのか。

それは、綱吉が戦国の野蛮な風習を消し去り、徳や仁によって世の中を統治しようとしたからである。綱吉は若い頃から儒教（朱子学）に傾倒していた。まだこの時代、江戸では辻斬りが横行し、野蛮なかぶき者が暴力沙汰をおこすなど殺伐としており、あの水戸黄門も若い頃、寺の軒下にいた貧しい人を面白半分に斬り殺している。こうした野蛮な社会を綱吉は変えたいと願ったのである。

だから将軍になると、綱吉は幕府の儒者林家の孔子廟と私塾を拡大して湯島へ移した。これが湯島聖堂と聖堂学問所である。そして幕臣たちに学問所で儒学を学ぶよう強く奨励する。さらに綱吉自らも幕臣や大名に講義を始めたのだ。しかもその回数は生涯に400回以上に及んだというから驚く。

綱吉はまた、堕胎や捨て子を禁じ、行き倒れた人を保護するように命じた。逆にいえば、当時の日本人は普通に子供を捨てたり、行き倒れた人を見捨てたりしていたのである。それが日本の現実の姿だった。

このように綱吉は強圧的な武断政治から儒教にもとづく文治政治への転換を目指したのだ。綱吉はまた、東大寺大仏殿の再建、護国寺の創建や根津神社の社殿造営など、神仏も篤く崇敬し保護を与えている。

こうした近年の研究成果から、歴史教科書の綱吉の記述も大きく変わりつつある。

たとえば生類憐みの令については、「この法によって庶民は迷惑をこうむったが、とくに犬を大切に扱ったことから、野犬が横行する殺伐とした状態は消えた」（『詳説日本史B』山川出版社　2018年）とプラス評価も見られるようになったし、綱吉の治政も「戦国時代以来の武力によって相手を殺傷することで上昇をはかる価値観はかぶき者ともども完全に否定された」（前掲書）と高く評価されている。

また、『社会科 中学生の歴史』（帝国書院 2020年）では、綱吉を「文治政治に努めた将軍」と題して、次のように紹介している。「綱吉は学問を奨励し、湯島（東京都）に孔子をまつる聖堂を建てて儒学を盛んにしたり、捨て子や老人へのいたわりを人々に求めたりするなど、戦乱の気風を改めることに努めました」

このように、現代の中学生や高校生は、徳川綱吉を暗愚な犬公方というより、どちらかといえば名君として教わるように変わってきているのである。

▲東京都中野区役所前にある、江戸時代のお囲い御用屋敷跡にある犬の像

文＝河合 敦（かわい・あつし）
歴史作家・歴史研究家。1965年東京都生まれ。早稲田大学大学院卒業後、日本史講師として教鞭をとるかたわら、多数の歴史書を執筆。テレビ番組のNHK『歴史探偵』の特別顧問として人気を博す。多摩大学客員教授。

石神井城を攻め落とし
江戸発展の端緒を築いた
勇猛果敢な戦国武将、太田道灌

京より早く戦国時代を迎えた関東

　戦国時代の幕開けを告げるといわれる応仁の乱。都である京都に戦乱の嵐が吹き荒れるこの戦より少し前に、関東でもひと足早く、戦国時代の到来を予感させる戦が起きた。それが享徳3年(1454)に始まった「享徳の乱」である。室町幕府から東国支配を任され

た鎌倉公方・足利成氏と、それを補佐する関東管領・上杉氏の対立をきっかけとし、多くの戦国大名を巻き込み、さらに上杉家の内紛などの戦を派生させることにもなった大乱である。応仁の乱が11年で終結したのに対し、享徳の乱は実に28年間にわたって続いた。

『長禄年中江戸図』

太田道灌が江戸城を築いた長禄年間(1457～60)の江戸の様子。文政6年(1823)に描かれた図の写しとされ、道灌の時代にはあるはずのない地名などが記されている。図中のほぼ中央に二重の四角で囲まれた「城」が江戸城で、朱色の線は鎌倉街道を表す（国立国会図書館所蔵）

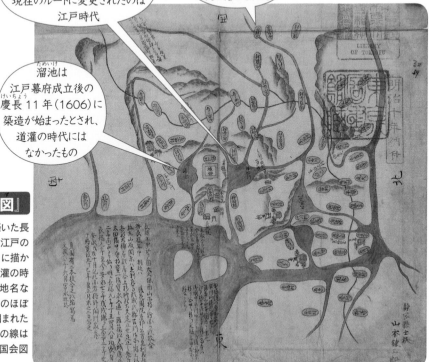

道灌の時代、利根川は江戸湾に注ぎ込んでおり、太平洋に注ぎ込む現在のルートに変更されたのは江戸時代

石神井にあった豊島氏の本拠地・石神井城は、文明9年(1477)に攻め落とされた

溜池は江戸幕府成立後の慶長11年(1606)に築造が始まったとされ、道灌の時代にはなかったもの

◀江戸の開祖である太田道灌の像は、東京に複数ある。写真の日暮里駅前の像は、道灌がこの地で鷹狩りを好んだことに由来する

　この大乱を通じて、獅子奮迅の活躍をしたのが扇谷上杉家の家宰*・太田道灌である。享徳の乱のさなかの長禄元年（1457）、道灌は利根川の下流域に江戸城を築いた。この築城は主君である扇谷上杉氏の命令で、目的は房総にあった敵対勢力に対する防衛拠点とするためだった。

　道灌が江戸城を築いた場所は、当時は豊島郡と呼ばれていた。武蔵国の中で古くから栄えていた豊島郡は、平安時代末期から豊島氏の支配下にあった。豊島氏は、もともと道灌と同じ上杉方に属していたが、文明8年（1476）に上杉氏の跡目争いをきっかけに起こった「長尾景春の乱」で敵対。翌年、道灌はこの乱の一環である「江古田・沼袋原の戦い」で、豊島氏が本拠としていた石神井城と練馬城を陥落させ、豊島氏を滅亡させた。これにより道灌は江戸城周辺を治めることになったのである。

天下分け目の戦いで陥ちた石神井城

　道灌が築いた江戸城は、現在の皇居の二の丸辺りといわれる。江戸城の築城に伴い、江戸城周辺の平川村には城下町が形成され、現在の日比谷近くに東京港の前身とされる江戸湊が開かれた。一般的には、徳川家康が豊臣秀吉から与えられた当時の江戸は寒村に過ぎなかったといわれている。しかし、江戸以前に書かれた『寄題江戸城静勝軒詩序』や『梅花無尽蔵』などの書物には、江戸湊には多くの船が出入りし、米や魚、薬などの交易が盛んに行われ、市中には連日市が立ち、道灌の時代の江戸は、すでに地方都市としての繁栄を見せていたという記述もある。

　道灌の築いた江戸城は、その没後に北条氏の支城となり、さらに家康によって将軍家の居城となった。そして、この江戸城を中心に江戸の町は発展を遂げたことを考えると、江戸城を最初に築き、周辺の発展の礎を築いた道灌こそが、江戸の開祖ともいえるだろう。徳川将軍家の産土神である日枝神社の祭で、江戸三代祭のひとつに数えられる山王祭に関しても、そもそも日枝神社を江戸に勧請したのは道灌だ。その点で、石神井城の陥落につながる「長尾景春の乱」は道灌にとって一種天下分け目の戦であり、江戸の発展を導いた戦ともいえる。

　その石神井城があった場所は、現在は石神井公園となり、武蔵野の面影を残す園内の一角に、中心内郭の壕と土塁がひっそりと残る。

▲石神井城は鎌倉時代中期〜末期頃の築城と考えられている。城跡は、石神井公園内の三宝寺池と石神井川の間の台地にある

＊家宰とは、家長に代わって家の仕事を取り仕切る者。室町時代の武家に多く見られた

多くの血が流された
東京屈指の山城、八王子城
そして戦国時代が終わった

武田、豊臣対策で 築かれた山城

東京の城といえば江戸城の知名度が圧倒的に高いが、かつて東京には200もの城があったといわれる。その中で、戦国時代に"関東随一の規模を誇る山城"と謳われたのが八王子城だ。現在の元八王子町から下恩方町、西寺方町にまたがる標高446mの城山（旧深沢山）に、北条氏照が築いた城である。氏照は、小田原北条氏4代氏政の弟で、家中随一の戦上手といわれた勇将。築城年については諸説

あるが、天正15年（1587）頃といわれている。織田信長の安土城を参考にして石垣を組み上げ、氏照の住まいだった御主殿を中心とする山麓の居館地区、山頂の曲輪を中心とする要害地区、家臣団の屋敷が並ぶ根小屋地区などに分かれ、当時最大規模で、かつ防御力に優れる城だった。

八王子城の築城に至ったのは、それまで氏照の居城で、現在の八王子市高月町にあった滝山城が甲斐の武田氏の攻撃を受けたためと、いずれ関東を攻めてくるであろう豊臣秀吉の軍勢に対する防衛のためとされる。当時、天

八王子城の 想像復元図

城山と山麓および城山川に沿う谷などの地形を巧みに利用し、いくつもの曲輪を備えた城だった（イラスト：香川元太郎）

城山山頂に 設けられた本丸を 中心とする要害地区

家臣団の 屋敷が並ぶ 根小屋地区は 城下町に相当した

氏照の居館だった 御主殿を中心とする 居館地区

下統一を目指す秀吉にとって最大の障壁が、関東の覇者・北条氏の存在だった。

八王子城落ちて北条氏降伏

実際、築城後間もない天正18年（1590）4月、秀吉は小田原征伐を開始。6月23日には上杉景勝、前田利家、真田昌幸といった秀吉配下の名だたる武将が率いる1万5000の軍勢が、八王子城に攻め寄せた。

対して、城主の氏照はこの時、本拠地である小田原城に駆けつけていたため不在。八王子城にはわずかな家臣と、農民や職人、僧侶、婦女子などの領民しかいなかった。その数3000人というから、ほぼ多勢に無勢である。奮戦むなしく、八王子城はわずか1日で陥落した。家臣や氏照の正室をはじめ追い詰められた人々の中には、自刃したり、城内の「御主殿の滝」に身を投げたりする者も多く、滝から流れ出る川の水は三日三晩、朱に染まっていたという。北条氏は多くの支城を持っていたが、秀吉軍は、それらの城に対しては降伏させて開城させる手段を取っていた。しかし八王子城は徹底的に殲滅された点で、八王子城合戦は小田原攻めの中でも特に悲惨な戦いだったとされ、戦国時代に東京にあった城で、これほど激しい城攻めが行われた場所はないといわれる。

この八王子城の陥落は北条方にとっても大きな痛手だったようで、翌7月に北条氏は降伏し、小田原城を開城。氏政・氏照は切腹、小田原城主の氏直は高野山で謹慎の身となり、小田原北条氏は滅亡した。これにより秀吉の天下統一の野望が成し遂げられ、かつて北条氏の所領だった関八州は徳川家康に与えられた。そして家康の江戸入府、さらに江戸幕府

北条氏の主な支城 甲斐の武田氏、越後の上杉氏と常に緊張関係にあった北条氏は、防衛のため多くの支城を築いた

の創設につながっていくのである。

江戸時代に家康によって廃城とされた八王子城は、現在、城址が国の史跡に指定されて発掘調査や整備も進み、石垣や曳橋など一部の遺構が復元された。また、「日本100名城」の一つにも選定されている。

▲山頂から200mほど麓にある御主殿跡は、東西約100m、南北約50mの規模

海だった日比谷、島だった銀座をつないだ家康の都市計画

天下の大号令で日比谷を埋め立て

太田道灌が江戸城を築き、江戸湊を開いたのは長禄元年（1457）。それから133年がたった天正18年（1590）、徳川家康が入府した頃の江戸は、「日比谷入江」と呼ばれる海が現在の皇居付近まで広がり、京橋や銀座一帯は「江戸前島」と呼ばれる半島状の砂州だった。城の背後は未開の武蔵野台地で、そこかしこに汐入りの茅原や沼沢が点在していた。

そのような草深く狭小な場所に、家臣団だけでも約30万人という大所帯での移動である。家康に必要だったのは、武家や町民のための居住地づくりと、建築資材や食料などの物資を運搬する水路の開削だった。そこで、江戸前島を開削して道三堀を開き、さらに小名木川や新川（船堀川）などを開削。開削土や、江戸城の築城工事の残土などを用いて日比谷入江の北部を埋め立てた。この時期の工事は、徳川家の家臣が中心になって行った。

豊臣秀吉が存命していた当時は、家康もいつまた国替えを命じられるかわからない状況だった。しかし秀吉没後、関ヶ原の戦いでの勝利を経て天下人となり、慶長8年（1603）に江戸幕府を開いた直後から、江戸の改造が本

徳川家康入府当時の江戸

江戸城へ物資を運ぶための道三堀は、江戸で最初に造られた人工の水路。江戸前島を横切り、隅田川に至った

（地図中の地名）
上平川　神田山　小石川　旧石神井川　隅田川
牛込　千鳥ヶ淵川　山王　平川天神　お玉が池
四谷　江戸城　平川　国府方（麹町）　紅葉山　江戸前島
霞ヶ関　江戸湊
日比谷入江　佃島
六本木　山の手台地
芝浦　洲または陸化しつつある低湿地

日比谷入江は現在の新橋付近を湾口とし、北端は現在の大手町あたりだった

天正18年（1590）頃の江戸の様子。当時は現在の新橋や霞ヶ関、日比谷、田町のあたりまで海岸線が迫っていた。家康は江戸前島の西に広がっていた日比谷入江を埋め立てることで、江戸の原型を築き上げていった

江戸前島は、現在の日本橋から銀座にかけて南西に伸びていた半島状の砂州だった

江戸初期の埋め立て

徳川三代による都市開発が一応の完成を見た頃の様子。江東区の埋め立ては江戸幕府開設とほぼ同時期に、摂津（大坂）出身の深川八郎右衛門が担ったと伝わる。（出典：関東地方整備局港湾空港部ホームページ）

（地図中の地名）
千代田区　中央区　江戸川区　江東区　港区　品川区　大田区

● 中世
○ 江戸初期

『東都名所 永代橋全図』歌川広重

全国から大型廻船が集まり賑わいを見せる、江戸末期の江戸湊の様子。永代橋の対岸の深川新地、右上に見える佃島はいずれも干拓によって生まれた。当時の永代橋は現在の架橋位置から約150m上流にあった（国立国会図書館所蔵）

格化。家康は征夷大将軍の名のもと、「天下普請」を全国の諸大名に発し、河川の付け替えや壕の開削、上下水道や道路の整備を行わせた。さらに、神田山を切り崩した残土を利用して日比谷入江を埋め立て、日本橋浜町から新橋に至る広大な市街地を造成。現在の日本経済の中心地であり、日本で有数の地価の高さを誇る大手町、丸の内、日比谷などは、日比谷入江の埋め立てで出現したのだ。

葦茂る湿地から百万都市へ

天下普請による江戸城と城下町の整備は家康以降、二代将軍秀忠、三代家光によって受け継がれた。天守台や外壕の整備が進み、江戸城の総構えが完成し、開発にひと区切りがついたのは寛永17年（1640）頃。しかし、明暦3年（1657）の大火による焼亡後、隅田川の東側が続々と埋め立てられ、火災で被害にあった江戸の町はさらに拡張した。江戸で埋め立て地が増えていったのは、浅瀬である江戸湾は埋め立てがしやすく、度重なる壕や河川開削などで大量の土砂があったことも大きな要因だ。

秀吉から関東への国替えを命じられた当時の家康には、かつて幕府のあった鎌倉や、北条氏の拠点だった小田原など、すでに都市機能を持つ地域へ移る選択肢もあったという。しかし、家康はあえて江戸を選んだ。それは、大小の川が流れ込む海に面していることから物流に適した土地であるうえ、埋め立てによって土地を増やせることが、都市の発展につながると考えたからだ。当時の江戸では利根川の氾濫による被害が心配されたが、それも川の流路を変えることで解決した（☞P102）。そして江戸は、百万都市と呼ばれる大都市に変貌を遂げた。土地の将来性を見込んで大規模開発を進めた家康は、現在の東京を見て「我が意を得たり」と、ほくそ笑むに違いない。

将軍家のお膝元に全国から集まり
城下町の賑わいをつくり出した
江戸300藩の大名屋敷

江戸の面積の半分を占めた大名屋敷

　徳川家康（とくがわいえやす）の入府以後、大規模な埋め立て工事によって江戸は広がりを見せ、江戸中期には人口100万人を超える「大江戸」へと変貌を遂げた。この時代、江戸の総地積の50％以上を占めていたといわれるのが、諸大名の住まい、いわゆる大名屋敷*である。

　江戸幕府開設と同時に造られはじめた大名屋敷は、江戸藩邸とも呼ばれ、当初は外桜田に集中していた。この大名屋敷の建設に拍車をかけたのが、寛永（かんえい）12年（1635）の「武家（ぶけ）諸法度（しょはっと）」で制度化された参勤交代（さんきんこうたい）である。1年ごとに江戸と国許の双方で暮らすことが義務づけられた諸大名は、江戸に続々と大名屋敷を建設。特に、現在の丸の内、霞が関、永田町一帯は、幕府の信任が篤い御三家や親藩（しんぱん）、譜代（ふだい）大名の豪壮な屋敷が建ち並んだ。その後、明暦（めいれき）3年（1657）の大火で江戸の町がほとんど灰燼（かいじん）に帰したのを機に、大名屋敷の再配置も行われ、江戸湾の埋め立てによってできた土地にも大名屋敷が造られていった。

左から紀伊（おわり）、尾張、水戸の御三家。広大な敷地であることがわかる

■が中屋敷、●が下屋敷を示す

主に江戸城西の丸付近に集中し、家紋で表されているのが上屋敷

『江戸之図（えどのず）』

庶民を中心に化政文化が栄えた文化（ぶんか）10年（1813）に作成された図。当時は武家地には地名がなく、家紋や■、●の記号で大名屋敷を区別している。江戸城と紀伊・尾張・水戸の御三家は黄色で表されている（国立国会図書館所蔵）

一般に「江戸300藩」とはいわれるものの、江戸の面積の半分をも占めるほど大名屋敷が多かったのは、家格や必要に応じて、2〜5ヵ所もの屋敷を持つ大名もいたためだ。大名屋敷には江戸城からの距離や用途などによって種類があり、藩主と家族が暮らすメインの住まいは、上屋敷と呼ばれた。藩主は登城の義務もあったため、上屋敷は江戸城西の丸下や丸の内、外桜田に集められた。上屋敷は各藩にとって江戸での政治の中心であり、幕府に対する窓口でもあった。いわば各藩の大使館のようなものである。

そして、上屋敷の控えとなる中屋敷が、外濠の内側に沿って建てられた。ここでは、隠居した前藩主や藩主の跡継ぎが暮らすこともあった。郊外には、別荘などとなる下屋敷が造られた。さらに、年貢米や領内の特産物を収蔵・販売する蔵屋敷が、主に隅田川沿いや江戸湾の湾岸部に建てられた。

大名屋敷が支えた江戸

これら大名屋敷には、江戸幕府を経済的に支える側面もあった。というのも、藩主が江戸に滞在する間は多くの藩士が江戸詰めとなったが、戦乱のない天下太平の世の中ゆえ、ほとんどの藩士は暇である。彼らの消費活動が江戸の経済を活発化させたのだ。特に大藩の加賀藩では、多い時には藩士だけでも4000人以上が江戸に詰めていたといわれ、藩全体の年間総支出額の約60%が江戸での支出だったという。

それほどまでに江戸の町に溶け込み、ある意味で江戸の町を形成していた大名屋敷だが、現在の東京にはひとつも残されていない。わずかにその姿を残しているのは、加賀藩前田

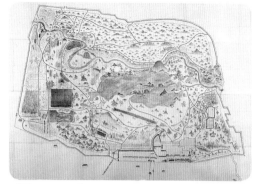

『下屋敷御林大綱之絵図』 江戸最大の大名屋敷は加賀前田家の下屋敷で、現在の板橋区内の約21万坪を占めた。現在は隅の築山が公園になっている（国立国会図書館所蔵）

『江戸勝景 虎之門外之図』歌川広重 大名屋敷は庶民にお屋敷見物という楽しみを与えたほか、しばしば浮世絵にも登場した（国立国会図書館所蔵）

◀東大の赤門は文政10年（1827）、前田家が徳川11代将軍家斉の娘を正室に迎えるにあたり建造された。国の重要文化財

家上屋敷の御守殿門と、鳥取藩池田家上屋敷の表門の2つのみ。前者は「東大の赤門」として知られ、後者は「上野の黒門」として、現在も豪壮な姿を見ることができる。

71

「火事と喧嘩は江戸の華」！
たび重なる大火にもめげず
防火対策を進化させてきた江戸の町

大火のたびに焼け野原

　江戸の町は、たび重なる火事に見舞われた。慶長元年（1596）から慶応元年（1865）までの間に約90件もの火事が起こったというから、3年に一度の頻度である。しかし、これは大火として記録に残っているもののみ。ボヤなども含めると2000件以上ともいわれている。

　火災が頻発した大きな原因は巨大な人口だ。江戸の人口は1700年代初頭には100万人を超え、世界最大の都市となった。総面積の半分は武家地で、残りの半分が同程度で寺社地と町人地。一方、町人は全人口のほぼ半分だったため、彼らの住まいは異常な密集地帯である。加えて建物は木材で、調理には薪を使用し、灯りは提灯やろうそくだ。出火の原因となるものも多く、ひとたび火災が起こると甚大な被害を及ぼしたのである。

　そんな大火のうち「江戸三大大火」と呼ばれるのが、明暦3年（1657）の「明暦大火」、明和9年（1772）の「目黒行人坂大火」、文化3年（1806）の「丙寅大火」である。なかでも明

	年月日（旧暦）	西暦	通称や別称	主な被害（資料により諸説あり）
江戸時代の主な火災	慶長6年閏11月2日	1601		
	寛永18年1月29日	1641	桶町火事	死者400人以上、97町・武家123戸・町家1924戸焼失
	明暦3年1月18日〜20日	1657	明暦大火	死者10万7000人、400町・万石以上160戸・家830戸焼失
	寛文8年2月1日	1668		132町・武家2400戸焼失
	天和2年11月28日	1682		3里16町延焼
	天和2年12月28日	1683	天和大火	死者3500人、大名75戸焼失
	元禄11年9月6日	1698	勅額火事	326町、武家308戸・町家1万8000戸以上焼失
	元禄16年11月29日	1703	水戸様火事	南北2里、東西3里延焼、大名300戸・町家2万戸焼失
	享保2年1月7日〜22日	1717	小石川馬場火事	江戸の70%延焼、200町焼失
	明和9年2月29日	1772	目黒行人坂大火	死者1万4700人・行方不明4000人以上、934町・大名169戸焼失
	天明6年1月22日	1786		大名13戸・町家6万戸焼失
	寛政6年1月10日	1794	桜田火事	30町焼失
	文化3年3月4日	1806	丙寅大火	2里幅7町延焼、死者1200人、530町焼失
	文政12年3月21日	1829	文政大火	死者2795人、武家203戸・町家11万3835戸焼失
	天保5年2月7日	1834	甲午火事	死者4000人、1200町焼失
	弘化2年1月24日	1845	青山火事	死者800〜900人、126町・大名115戸焼失
	弘化3年1月15日	1846		死者300人、366町・大名35戸焼失
	安政5年2月10日	1858		18町幅4町延焼、85町焼失
	安政5年11月15日	1858		22町幅7町延焼、250町焼失
	安政6年2月22日	1859		2里14町幅11町延焼

『鎮火安心圖巻』
（一部）鬼蔦斎

嘉永年間（1848〜1854）
頃の江戸の火事を描いたも
ので、火災の発生から火消
の出場や消火活動、火災
鎮圧後の様子がよくわかる
（国立国会図書館所蔵）

特に再建で仕事が増える大工や鳶職人は火事を歓迎したという。江戸っ子の気前の良さを表す「宵越しの銭は持たない」の言葉も、いつ火事が起こってもおかしくないから使ってしまえとの意味が込められているといわれる。江戸庶民は度重なる火災におびえる反面、火の手が上がれば大挙して見物に出かけて火消の活躍を応援した。そして、さっぱりした江戸っ子の気風を発揮し、火事のたびに町の復興を精力的に行ってきたのである。

暦大火は江戸を焼け野原にし、死者10万人以上という被害をもたらした。江戸城も燃え、以後、天守閣が再建されることはなかった。この大火は本郷の本妙寺で振り袖を焼却していた火が原因とされたため「振袖火事」とも呼ばれるが、実際の火元は3カ所で、冬の強い北西風で延焼したと考えられている。

消防組織の「火消」が活躍

こうした大火のたび、江戸では防火対策も強化されていった。延焼対策として防火帯の「火除地」が作られ、各所で見られる「広小路」もその名残。瓦葺き・土蔵造の町並みの奨励や、町の木戸番制なども行われた。

一方で消防組織も発達。幕府直轄の消火組織である「定火消」、大名の自衛消防隊である「大名火消」が創設され、放火を取り締まる「火付改（後の火付盗賊改）」も設置された。『鬼平犯科帳』の主人公の鬼平は、この組織の長官である（☞P152）。かたや町人の消防組織としては、大岡忠相が創設した、時代劇でもおなじみの「町火消」が大活躍。「いろは48組」の編成で、最盛期には町人の5人に1人は火消だったといわれる。火消は喧嘩っ早い荒くれ者の集団で、それを束ねる各組の頭取はヒーロー並の人気を誇った。

江戸庶民は火事に慣れっこだったようで、

明暦大火の被災図

『増補江戸大絵図』（国立国会図書館所蔵）に明暦の大火の被災エリアを示した図

1月19日午前、伝通院下から出火

1月18日午後、本妙寺から出火

1月19日午後、麹町から出火

● 焼失区域

「神田の生まれよ！」と江戸っ子も自慢した上水道は小石川上水から始まった

家康による水道インフラの構築

電気やガスのない江戸時代、もっとも重要なライフラインは水だった。しかし、天正18年（1590）に徳川家康が入府した頃の江戸は、現在の日比谷付近まで海で、井戸を掘っても地下水には塩分が多く、飲み水には不向きだった。そこで家康は、城や町の整備と同時に、飲料水確保のための上水道の整備にも着手した。そして、家康の命を受けた家臣・大久保藤五郎が、小石川目白台下付近の流れを利用し、神田方面へ通じる上水を開設。この「小石川上水」が、江戸初の上水道だと言われている。藤五郎は菓子職人でもあり、それゆえ水の味には詳しかろうと家康が水道整備を命じたとの説があるが、その真偽のほども、小石川上水の具体的なルートも正確にはわ

江戸の6上水と給水エリア

江戸時代は全人口の60%が水道水を利用していたという

瓦曽根溜井
越谷
亀有（本所）上水
隅田川
千川上水
善福寺池
井の頭池
妙正寺池
巣鴨
神田
神田上水
保谷
玉川上水
四谷
江戸城
本所
深川
渋谷
下北沢
三田上水
青山上水
多摩川
品川
中川

各上水の給水エリアと完成年
● 神田上水（1629）
● 玉川上水（1654）
● 千川上水（1696）
● 青山上水（1660）
● 三田上水（1664）
● 亀有（本所）上水（1659）

◀明暦の大火以降に整備された4上水のうち、三田・青山・千川の3上水は、いずれも玉川上水からの分水だった

かっていない。

　この小石川上水を拡張し、3代将軍家光の時代に整備されたのが「神田上水」だ。井の頭池を水源として水路を堀り、小石川を経て現在の水道橋付近でお茶の水の堀の上を樋で渡った後は暗渠として江戸城郭内に入り、さらに神田や日本橋方面に至る、日本初の本格上水道である。神田上水は完成後、延宝5年（1677）に改修工事が行われているが、この工事には、職業的な俳諧師になる直前の松尾芭蕉も携わった。

江戸の給水人口は世界一

　当時は神田上水のほか、赤坂の溜池を水源として江戸の南西部に給水する「溜池上水」が、江戸の暮らしを支えていた。しかし発展著しい江戸の人口は増大の一途をたどり、飲料水も不足しがちだった。そこで、4代将軍家綱の時代の承応2年（1653）、武蔵野を切り通して多摩川の水を江戸に引水する「玉川上水」（☞P37）が完成した。玉川清右衛門・庄右衛門兄弟が手がけた玉川上水は、多摩川本流を羽村取水堰で分水し、四谷大木戸までの約43kmを開渠で導水した後、暗渠で市街地内に配水するというもの。源流から市街地までの約92mの標高差を利用した、自然流下方式の上水道だった。これにより江戸の北部は神田上水、南部は玉川上水が賄うことになるが、明暦3年（1657）の大火後、江戸は復興でさらに拡張。それに伴い亀有（本所）上水、青山上水、三田上水、千川上水が新たに整備された。

　これら6上水で総延長は150km以上にも及び、給水人口では当時世界最大だったといわれる。江戸の地下には水道が網の目のように

張り巡らされ、町人たちは井戸から「つるべ*」で水道水を汲み上げた。江戸っ子にとって水道水を産湯に使用することはステータスだったようで、時代劇によく登場する「こちとら神田の生まれよ！」という啖呵も、神田上水の水道水を使用したことを自慢する言葉といわれる。また、浮世絵にも登場する江戸の上水は、生活用水の供給だけでなく、水辺の景観としても江戸っ子を楽しませたようだ。

　江戸を潤した6上水のうち、亀有・青山・三田・千川の4上水は享保7年（1722）に廃止されたが、神田・玉川の2上水は明治31年（1898）の近代水道の完成まで、100万都市江戸の水需要を支え続けたのである。

▲羽村に造られた取水堰は明治時代にコンクリート製に生まれ変わった。左が多摩川本流で右が玉川上水

『名所江戸百景玉川堤の花』歌川広重

玉川上水沿いの桜並木を描いた作品だが、実際の桜は開花前に撤去されたため、幻の風景といわれている（国立国会図書館所蔵）

遊女が集った不夜城
幕府よりも長く続いた吉原遊郭は
江戸のテーマパーク

江戸幕府公認の大遊郭

江戸時代の風俗を語るうえで欠かせないのが、吉原遊郭だ。その歴史は元和3年（1617）、江戸に点在していた遊女屋を1ヵ所に集めて幕府公認としたことに始まる。公認としたのは、当時の江戸は参勤交代や出稼ぎなどで男性の数が圧倒的に多く、売春の横行防止や、武士集団の統制のためにも性産業を管理することが重要で、さらに遊女屋からの上納金を重要な幕府の資金源とするためだった。

当初の吉原は現在の中央区日本橋人形町にあったが、明暦3年（1657）の大火で焼失。その後、郊外である浅草の外れ、現在の台東区千束4丁目界隈に移転した。日本橋時代を「元吉原」、浅草移転後を「新吉原」と呼ぶが、現在は吉原という地名は残っていない。

吉原は東京ドームの1.5倍ほどの町で、多いときで5000人の遊女を含む1万人近くが暮らしていたという。遊女の多くは農村の口

『東都名所
新吉原五丁町弥生花盛全図』

吉原は桜の名所でもあったが、桜は3月になると別の場所から借りてきたものを植樹し、花びらが散ると撤去された。いわば、春の吉原を彩る舞台装置でもあった（国立国会図書館所蔵）

安政江戸地震や関東大震災時に遊女たちが葬られた浄閑寺は「投げ込み寺」と呼ばれた

吉原の玄関であり、唯一の出入口でもあった大門跡。江戸時代はアーチ型の黒塗りの門だった

関東大震災時に逃げ遅れた遊女たちが飛び込み、490人の犠牲者が出た弁天池。現在はほとんど埋め立てられている

衣紋坂手前の見返り柳。昔は違う場所にあったが、後に現在地に移され、枯れるたびに植え替えられてきた

地図で見る吉原の今昔 吉原では遊郭を囲む敷地が東西南北に沿っておらず、斜めになるように造られている。これは、どこの部屋で寝ても北枕にならないようにしたためといわれている。斜めの町並みは現在も変わらない

減らしや、親の借金のカタとして連れてこられた女性たち。その逃亡を防ぐため、吉原には1ヵ所しか出入口がなく、敷地は塀と、お歯黒溝と呼ばれる堀で囲まれていた。周囲から隔絶されてはいたが、町から出ずに生活できるだけの施設は揃っていたといわれる。

吉原は日本文化揺籃の場

　遊女が性産業に従事する場所である一方で、吉原は新しい文化の発信地、文学作品や舞台芸術の源泉という面も持っていた。その髷や衣装に憧れる女性も多く、遊女は有名モデルやファッションリーダーさながらに庶民の羨望を集めた。花魁と呼ばれる高級遊女をはじめ、有名な遊女は浮世絵や錦絵に描かれ、男性のみならず女性にとってもアイドルだった。また、吉原で起こる男女間の悲喜こもごもの愛憎劇は、芝居や浄瑠璃、落語、長唄、俳諧などの題材として芸能を発展させた。花魁が

客を迎えに行く花魁道中には、その姿をひと目みようと、多くの人が物見遊山で詰めかけるなど、吉原は非日常を楽しめるテーマパークのようでもあった。

　しかし、明治5年（1872）に発令された芸娼妓解放令により多くの遊女屋が廃業。昭和21年（1946）にGHQによる「公娼廃止令」が発せられると、吉原は赤線区域＊となった。かつての遊女屋はカフェーとして風俗営業を行い、現在もところどころに、特徴的な飾り窓や廂を備えたカフェー建築が残る。そして昭和33年（1958）の「売春防止法」の全面施行で、約340年にわたって続いた、江戸幕府より長い歴史を持つ吉原遊郭は事実上消滅した。

　現在は風俗街に姿を変えたが、かつて客が衣紋を繕った、つまり身なりを整えたことに由来する「衣紋坂」、帰る客が後ろ髪を引かれながら振り返った場所に立つ「見返り柳」などが、当時の吉原を今に伝えている。

＊売春を目的とした特殊飲食店街の別称

「本郷から攻める」で江戸の弱点を指摘し
神田川開削で江戸の発展に貢献した
東北の雄、伊達政宗

台地を真っ二つに割って築いた渓谷

戦国武将の中でも屈指の人気を誇る「独眼竜」こと伊達政宗。初代仙台藩主として東北を繁栄に導いた政宗は、江戸の発展にも大きな関わりを持っている。それが神田川の開削だ。現在、JR御茶ノ水駅あたりの神田川は深い渓谷になっており、「都心になぜこんな渓谷が?」と思わせる絶景スポット。実はこの渓谷は人工的に造られたもので、その工事を手がけたのが伊達政宗である。

神田川開削にあたっては面白いエピソードがある。ある日、徳川家康から江戸城の総構え図を見せられ、「政宗ならどこから攻めるか?」と問いかけられた政宗は、江戸城東北の本郷台地(神田山)を示し、「ここから江戸城に向けて砲弾を放ちます」と返答した。その後、2代将軍秀忠との囲碁の対局中にも、政宗は石を置きながら「本郷から攻めよう」とつぶやいた。これは、江戸城の守備に対する注意喚起だったようだ。当時の江戸城は、本郷台地からの攻撃に対する守りが手薄だったのである。そこで不安に思った秀忠が元和6年(1620)、政宗に外濠の普請を命じたというのが逸話の内容だ。こ

江戸にあった2つの仙台堀

神田川の仙台堀は「伊達堀」とも呼ばれた。深川の仙台堀は、現在は仙台堀川と呼ばれる水路の一部分。仙台藩はこの堀を利用して、仙台から送られた米などの物資を蔵屋敷に運び入れた

仙台藩の蔵屋敷は堀の北岸、現在の清澄公園の西隣にあった。現在はコンクリート工場などが建つ

神田川の仙台堀は、飯田橋駅近くの牛込橋から、秋葉原駅近くの和泉橋までの区間

深川の仙台堀は隅田川との合流部、海辺橋から、かつてあった上の橋までの区間

れに関しては、後に3代将軍となる家光との将棋の対局中だったとする記録もある。エピソードの真偽のほどはともかく、神田川を開削し外濠を築いたのが、政宗率いる仙台藩であったのは事実だ。

　当時、神田川の前身である平川は本郷台地を南に迂回して江戸湾へ注いでおり、洪水などで氾濫すると、江戸城に重大な被害を及ぼしかねなかった。そこで政宗が行ったのが、本郷台地を深く開削して湯島台と駿河台に分断し、平川をその谷間に流す大工事。これにより、現在のお茶の水近辺は両岸が絶壁のような渓谷となり、仙台藩が工事したことにちなんで「仙台堀（濠）」と呼ばれた。なお、この川が神田川と呼ばれるようになったのは、仙台藩による開削後のことである。

戦にも土木にも才能を発揮した戦国武将

　この工事によって、神田川は外濠としての防衛機能を持ち、江戸城近辺の洪水を防ぐ役目を果たした。また、開削で出た大量の土砂は日比谷入江の埋め立てに用いられ、大名の屋敷地となった。その後、神田川では万治3年（1660）からも仙台藩による拡幅工事が行われ、舟運ルートとして活用されることになる。まさに、江戸の防備と治水、町づくりや商業の発展につながる大事業だったのである。

　ちなみに東京には、もうひとつ仙台堀と呼ばれた場所がある。深川にある運河で、現在は仙台堀川の名で知られる場所。こちらは、運河沿いに仙台藩の蔵屋敷があったことに由来する。

　政宗が江戸で名を残すのは神田川だけではない。文禄3年（1594）に江戸で最初に架橋された千住大橋は、明治時代まで一度も流失することがなかった屈強な橋として有名だが、この橋の建材が、政宗の調達した高野槇だというのだ。長年、真偽不明とされていた言い伝えだが、2003年に行われた東京都の調査によって、現在も橋の下の川床に高野槇の木杭があることが確認された。

　東北の雄は、武名だけではなく土木の面でも初期の江戸を支えたのである。

◀現代のお茶の水。地名の由来は、かつてこの地にあった高林寺の湧水を、将軍の茶用に献上したことにちなむ

現在の人気スポットの「お台場」は
ペリーの黒船来航に備えた
江戸幕府の一大事業だった

予定されていた台場は11基

　幕末、鎖国下の日本には、通商を求める欧米列強が続々と押し寄せていた。ロシア使節の蝦夷地（現北海道）来日、イギリス軍艦の長崎侵入などが相次ぎ、外国の船は江戸湾にも姿を見せた。近世の日本の歴史を語るうえで欠かせない「黒船来航」である。ペリー率いる4隻の米国東インド艦隊が江戸湾に現れ、幕府に開国を迫ったのは嘉永6年（1853）のこと。突然現れた軍艦に、江戸の人々は何を思ったろう。特に、これに先立つ天保11年（1840）に勃発したアヘン戦争では、大国の清がイギリスに敗れるという衝撃的な結果となっただけに、幕府をはじめとする人々は大きな脅威を感じたに違いない。

　ペリー来航以前から、幕府は房総半島と三浦半島を結ぶ防衛ラインを考えており、ペリーが来た時も江戸湾には大砲が備えられていた。しかし、あまりに貧弱な大砲だったために、いとも簡単に黒船艦隊の入港を許してしまったのである。

　黒船の再来に備え、幕府に海防に関する建議書を提出したのは、伊豆韮山代官の江川太郎左衛門英龍だった。彼は地方の一代官に過ぎなかったが、西洋砲術に詳しかったため、幕府は彼の

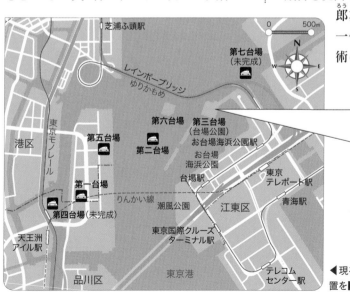

現在、陸続きとなった第三台場では砲台のレプリカが見られる

◀現在の地図上にかつての台場のおおよその位置を■の印で示した図。

『五十三次名所図会　二　品川』
歌川広重

▼御殿山から品川宿を眺めた図で、海上に台場が描かれているのがわかる(国立国会図書館所蔵)

建議を受け、品川沖に海上砲台を建造することを決定した。当初の計画は、11基の台場を一定の間隔で造るというものだった。ペリー来航直後から始まった建設は、昼夜兼行の突貫工事だったといわれている。土砂は品川の御殿山、八ツ山、泉岳寺付近を切り崩して調達し、1日に2000艘もの船で運んだ。木材は関東の御林から、石材は伊豆や駿河から運ばれた。砲台は、オランダやフランスの築城技術を参考にして佐賀藩に造らせたもので、嘉永7年（1854）の4月には第一〜第三台場が完成。この建設には5000人もの作業員が携わった。同年12月には第

五、第六台場が完成した。

現存の台場は国の史跡に

　品川台場の大砲は射程距離が短く、性能を疑う説もある。だが、安政元年（1854）に再び来航したペリー艦隊は、品川沖の砲台を見て横浜まで引き返したというから、それなりの効果はあったのだろう。とはいえ、ペリーが横浜に赴いたことが日米和親条約（神奈川条約）の調印に結びつき、日本の鎖国体制は終わりを告げた。結局、第四台場と第七台場は未完成の状態で工事中止となり、第八以降の台場は着工すらされなかった。完成済みの台場も、一度も使われずじまいで無用の長物となったとは、なんとも皮肉な話である。

　これらの台場の多くは埋め立てや取り壊しで失われ、現存するのは第三台場と第六台場の2つのみ。現在、第三台場は「台場公園」として一般に開放されている。

　このように、「台場」とはもともと軍事施設の名。幕府ゆかりの施設だったために「御」がつき、現在のように「お台場」と呼ばれるようになったといわれている。

▲台場公園となった第三台場は、第六台場とともに、大正時代に国の史跡に指定された

理科

社会・歴史

美術・音楽・家庭科

国語

算数

81

江戸幕府を滅ぼした自然災害と感染症

私たちは学校で、江戸幕府の崩壊について「ペリーの来航、不平等条約、尊王攘夷運動、安政の大獄、公武合体運動、薩長同盟、大政奉還、王政復古の大号令」など、政治史を中心に学んできた。そこで今回は、少し違う観点を提示したい。

嘉永7年（1854）3月に日米和親条約を結ばれたが、同年10月、ロシアのプチャーチンが下田に来港し、11月3日から下田の福泉寺で開国のための日露交渉がおこなわれた。その翌日朝、突然大地震（安政東海地震）が発生。駿河湾西側および甲府盆地などが激震だったが、中国・四国から東北まで大きな揺れに見舞われる広域地震だった。東海道の宿場も大被害を受け、三島宿は全壊だった。

さらに翌日、またも激震（安政南海地震）が広い地域を襲ったのだ。

両日の地震で列島沿岸部に津波が押し寄せ、下田港に停泊するロシア船ディアナ号も津波にもまれて激しく回転、舵と船底を損傷して浸水、後日、修理のために別の港へ曳航する途中、沈没してしまった。下田の家屋はほとんど崩れ、99人の犠牲を出し、これを機に衰退へ向かう。

さらに翌安政2年（1855）10月2日、今度は江戸が直下型の大地震に見舞われたのだ。

統計はないが、1万人以上の人が犠牲になったとされる。水戸藩邸では、前藩主徳川斉昭の側近・藤田東湖と戸田忠太夫を失っ

ている。二人が生きていれば安政の大獄も巧みにかわし、藩内の抗争で水戸藩が没落することもまぬがれたかもしれない。

地震は、品川沖に急造した台場にも壊滅的な被害を与え、江戸の防衛力が一気に低下した。老中など幕閣の屋敷が並ぶ江戸城御曲輪内の被害も甚大だった。政権をになう阿部正弘の屋敷も潰れ、正妻が大けがをしたうえ、阿部を外へ逃がした側室が亡くなってしまった。老中で村上藩主内藤信親の屋敷は全焼している。いまでいえば永田町界隈が壊滅したようなものだ。ショックだったのか、阿部は10月7日と8日に体調不良のために出勤できず、その翌日、政権を佐倉藩主・堀田正睦に譲渡した。政敵の井伊直弼らとの軋轢を避けるためだったというが、阿部政権は崩壊したのである。その後阿部は体調を崩し、安政4年6月、39歳の若さで逝去した。

地震で甚大な被害を受けた江戸だが、翌安政3年8月25日、今度は巨大台風が襲来した。江戸城や城下の多くの建物が破損。とくに海岸沿いで風浪の被害が大きく、床上浸水も各所で起こり、永代橋、新大橋、両国橋などが破損した。『続武江年表』によれば「近来稀なる大風雨」であり、風浪が津波のようになって押し寄せ、大小の舟が転覆し、「此時水中に溺死怪我人算ふべからず」という状態になった。前年の地震では山の手の被害が軽かったが、今回の台風は「江戸中一般の大破に

て家潰れ傾かざるも、屋上の板天井の板をも吹散らし、甍を重ねし家々は殊に歪み倒れた」とある。

まさに踏んだり蹴ったりだが、不幸はそれだけで終わらなかった。

翌々年、今度は江戸市中でコレラのパンデミックが起こったのだ。通説では、長崎に入港したアメリカの軍艦ミシシッピの乗組員にコレラ患者がおり、長崎市中で感染が広がったのがきっかけとされる。

江戸市中のコレラ流行は、芝の海辺、鉄砲洲（てっぽうず）、佃島（つくだじま）、霊巌島（れいがんじま）あたりから始まった。コレラにかかるといきなり嘔吐し、下痢がとまらなくなり、体がしびれて絶命していった。一家全滅も少なくなく、棺桶の製造が間に合わず、「葬列の棺は大路小路にうち続きて昼夜を棄ず終わる間なく、御府内数万の寺院は何所も門前市をなし。焼場の棺、所せきまで積みならべて山をなせり」（金屯道人編『安政箇労痢流行記』）とあり、葬式で僧侶は多忙を極め、火葬場も棺を置くところがなく、山積みになってしまったという。

『日本コレラ史』によれば、病死者の埋葬が間に合わず、死体から臭気が発生、これに触れたものが感染するのではないかと医者たちは疑ったそうだ。また、洋学者として有名な佐久間象山（さくまぞうざん）も、主君（松代藩主）に対し、火葬すると死体にたまっていた病毒が外に出て、コレラに伝染すると警告。信濃国岩村田（しなのくにいわむらだ）付近でコレラ患者の葬式をおこなった寺の僧が全員死んだのは、死体の臭気にあたったからだと述べている。開国主義者で開明的な象山をして、このような妄説（デマ）を信じていたのである。

恐ろしい病なので、人々はコレラに感染し

ないよう神仏や迷信に頼った。

家の軒にしめ縄や提灯を吊したり、路上に三峯山遥拝（みつみねさんようはい）の小祠をつくったり、疫病神がこないよう豆をまいたり、門松を立てる家もあった。八手という葉を軒に吊す人もいた。天狗が持つ羽団扇に形がにているので、効果があるというデマが広がったのだ。

コレラの予防や治療に関する本も続々と出版された。『安政箇労痢流行記』もその一つだが、まことにいい加減な内容だ。感染を防ぐには、常時、薄羅紗やうこん木綿、綸子などの類いを二重に腹に巻いておけとか、とにかく果物を多く食べろという。もし罹患したら、熱い茶に焼酎を入れ、砂糖を少し溶かして飲めとか、座敷を閉め切って風に当たらぬようにし、羅紗の切れや綸子に焼酎をつけて体中擦りなさいと書いてある。

なお、文久2年（1862）にもコレラが江戸で再び流行り、このときは麻疹も同時に流行し、一説には30万人近い死者が出たという。

このようにペリー来航以後、江戸では地震や台風、伝染病が相次いだ。なのに幕府は、こうした災厄にきちんと対応できなかった。このため政権への信頼が大きく揺らぎ、人びとは新しい世の到来に期待をかけるようになった。つまり、自然災害や感染症が江戸幕府の崩壊を後押ししたともいえるのである。

▲『安政二年江戸大地震火事場の図』国立国会図書館所蔵

明治維新の「廃藩置県」によって全国に「府」と「県」が誕生！東京も最初は「東京府」だった

江戸を支えた大名が消滅

慶応3年（1867）、徳川15代将軍慶喜によって政権を朝廷に返上する「大政奉還」が行われ、さらに「王政復古の大号令」を経て江戸幕府が廃止され、明治政府が誕生した。新政府は、江戸幕府時代の支配体制から、中央集権的な全国統治を目指し、明治2年（1869）、大名の領地（版）や人民（籍）に対する支配権を朝廷に返上させる「版籍奉還」を行った。しかし、版籍は奉還されたものの、各藩主は「知

藩事」となって引き続き藩の行政を行ったため、支配体制という点では、それまでと変わりはなかった。そこで政府は、藩そのものをなくすことにし、明治4年に「廃藩置県」を断行。これによって藩は廃止されて府と県が置かれ、知藩事に代わり、政府が派遣する府知事・県令が行政を担当することになった。

藩主たちから完全に権力を奪う廃藩置県には相当の反発が予想されたため、政府は、薩摩・長州・土佐からなる御親兵を組織して事に当たった。これは、明治政府にとっての初

一曜斎国輝『東京府京橋ヨリ呉服橋ノ遠景』

明治元年、明治天皇は京都から東京へ行幸し、翌年に東京遷都が行われた。この絵は京橋付近の行幸の様子を描いた図（国立国会図書館所蔵）

35区時代の〝大東京市〟

35区に増えたことで東京市の面積はそれまでの6倍となり、ニューヨークに次ぐ世界第2位の人口となった

太線内が明治時代に設置された15区

江戸府に代わり「東京府」が設置された。その後、廃藩置県によって全国は東京・大阪・京都の3府と、302県の行政区画に分かれ、明治6年には、東京府は11の大区と103の小区から成っていた。

　明治11年、東京府には麹町や神田、日本橋などの15区と、荏原・南豊島・北豊島・東多摩・南足立・南葛飾の6郡が設置された。さらに明治22年、この15区を範囲として「東京市」が誕生する。当時は、東京府の中に東京市があり、その中にさらに区があるという三重構造だったのだ。そして、昭和7年（1932）には、これまでの15区に新しく20区が加わり、東京市は35区に拡大。昭和18年には東京府と東京市が消滅し、「東京都」が誕生。昭和22年に35区が22区に再編され、その後に板橋区から練馬区が分離し、現在のような23区になった。

　旧東京市の発足した10月1日は、現在は「都民の日」とされている。

めての軍隊である。しかし、廃藩置県の実施には、政府が藩の借金を肩代わりすること、廃藩により免職された知藩事には家禄を与え、さらに華族に列するなどの条件をつけたことから、困窮していた藩主たちは、むしろ廃藩置県を喜んで受け入れた。こうして、藩による地方分権から明治政府による中央集権国家への移行はスムーズに行われた。

　ちなみに、政府は藩の借金を引き継いだものの、経済的余裕のなさから、債務を帳消しにする徳政を行い、結局は踏み倒した。このため、主な債権者だった大阪商人たちは大打撃を受け、経済の中心が大阪から東京に移ったといわれている。

東京は府から市、そして都へ

　廃藩置県に先立つ慶応4年、江戸城の無血開城に伴って江戸は「江戸府」となり、同年の「江戸を東京と称す」という詔によって、

▲明治4年7月14日、在京56藩の知藩事を前に、明治天皇が廃藩置県の詔を読み上げた（国立国会図書館所蔵）

85

江戸時代と現代をつなぐ
丸の内のモダンエリア
一丁倫敦と一丁紐育

<small>いっちょうろんどん　いっちょうにゅーよーく</small>

ロンドン風の街並みの誕生

　明治時代の半ば、丸の内は「三菱ヶ原」と呼ばれる、見渡すかぎりの原野だった。

　そもそも丸の内とは、江戸城の内濠と外濠に囲まれた城郭内のことであり、大名屋敷が集中していた地域である。現在もその名で呼ばれる大名小路は、諸大名が表門を構えた由緒ある通りだ。

　しかし明治維新によって、江戸城は皇居となり、大名屋敷の多くは取り壊されて、丸の内の土地の半分以上が陸軍の兵舎や練兵場となる。

　丸の内に再び変化が訪れたのは、明治10年（1877）の西南戦争以降、内政が安定し、皇居周辺を軍隊で固める必要がなくなってからだ。陸軍施設はより広い敷地を求めて郊外への移転が決まり、丸の内は商業エリアを含む近代都市化へと舵を切る。かくして約8万4000坪の軍施設跡地は、128万円（当時の東京市の年度予算の3倍）で民間に払い下げられることになった。

　1890年、購入したの

丸の内界隈の今昔

0　100m

半蔵門線
大手町駅
大手町駅
千代田線
三田線
東京海上
日動ビル
桔梗濠
和田倉門
馬場先濠
行幸通り
丸ビル
二重橋前駅
三菱一号館美術館
馬場先通り
東京国際フォーラム
有楽町線
日比谷線
有楽町駅
日比谷駅
日比谷通り
皇居外苑
千代田区
内濠通り

JR中央線・山手線
京浜東北線
丸ノ内線
丸の内仲通り
丸の内オアゾ
新丸ノ内ビルディング
東京駅
KITTE
丸の内
JR横須賀線
東京駅
JR京浜東北線
東海道新幹線
有楽町駅

JR東北・上越新幹線
東北・上越新幹線
首都高速八重洲線
東西線
首都高速都心環状線
三越前駅
中央区
東海道本線
外堀通り
八重洲ブックセンター
中央通り
鍛冶橋通り
JR京葉線
京橋駅
宝町駅
銀座一丁目駅
浅草線

東京駅と皇居をつなぐ行幸通り沿いが、一丁紐育と呼ばれた一角

現在の三菱一号館美術館がある馬場先通り両側が一丁倫敦エリア

東京駅の開業が一丁紐育開発のきっかけとなった

が三菱社の2代目社長・岩崎彌之助である。それから4年後、草ぼうぼうの馬場先通りと大名小路の角にポツンと、英国ヴィクトリア朝クイーン・アン様式の赤レンガ地上3階地下1階建ての三菱一号館が完成した。イギリス人建築家ジョサイア・コンドルが設計した丸の内初のオフィスビルである。

特筆すべきは、後年の関東大震災にも耐えたその耐震設計だ。長さ8〜9mの松杭9000本を基礎に打ち込み、構造は耐震レンガ造り。開口部は帯鉄で補強。設計段階の明治24年、岐阜県と愛知県にまたがる濃尾平野で巨大地震が発生し、コンドルも視察に訪れたという。濃尾地震での甚大な被害の教訓が生かされたのである。

三菱一号館を皮切りに街づくりは進み、1911年には十三号館を数えるまでになった。皇居へと通じる馬場先通り沿いの両側は、赤レンガ造りで軒高も統一されたオフィスビルが並ぶ。「三菱ヶ原」と揶揄された原野は、ロンドンの金融街を参考にした美しい景観によって「一丁倫敦」（倫敦エリア）と呼ばれるようになる。

ニューヨーク風の ビル街の魅力

さらに日本経済の中心地として発展する契機となったのが、大正3年（1914）の東京駅開業だ。東京駅と皇居を結ぶ行幸通り沿いには、アメリカ式の鉄筋コンクリート造りの白亜のオフィスビルがオープンしていく。なかでも1923年竣工の丸の内ビルヂング（丸ビル）は、地下1階地上8階・延床面積約6万㎡という巨大さで人々の度肝を抜いた。通称「一丁紐育」の誕生である。

谷崎潤一郎の小説『細雪』には、昭和10年代の丸の内の景観が描かれている。「東京の魅力は何処にあるかと云えば、そのお城の松を中心にした丸の内一帯、江戸時代の築城の規模がそのまま壮麗なビル街を前景の裡に抱き込んでいる雄大な眺め、見附やお濠端の翠色、等々に尽きる」

時は流れ、高層ビルの林立する21世紀の丸の内では、原点である三菱一号館が美術館として復元され、"賑わいと交流" "都市の文化" をテーマに再構築が進行中だ。揺るぎない丸の内ブランドの伝統は健在である。

◀1910年頃の三菱第一号館。馬場先通りには英国風の赤レンガの建物が並び、一丁倫敦と呼ばれた（日本カメラ財団所蔵）

◀現在の三菱一号館美術館。外観はもとより内部でも創建当初の建築美が堪能できる

◀大正時代から昭和初期にかけ、一丁紐育と呼ばれた時代の行幸通り。左が東京海上ビル、右奥が丸ビル、手前が郵船ビル（三菱地所所蔵）

◀現在の行幸通り。左の茶色いビルが東京海上日動ビル本館、右が郵船ビルで左奥が新丸の内ビル。配置は往時のまま

この場所に**お殿様**が住んでいた!?
東京の**ランドマーク**となった
江戸の大名屋敷の数々

屋敷を手放した大名たち

　江戸では、全市街の7割が武家地で、その多くを占めていたのが大名屋敷。江戸は大名屋敷で成り立っていたとも言えるが、幕府なき後の明治新政府を支えたのも、これらの大名屋敷だった。

　江戸幕府の崩壊によって参勤交代がなくなり、江戸詰めの大名たちが諸国に帰ったことで、多くの大名屋敷が放棄された。これは、江戸の約半分が空き家になったようなもの

である。明治新政府はこうした大名屋敷のうち上屋敷を接収し、官庁街や軍用地などに転用していった。発足直後で財政的に安定していなかった明治新政府にとって、これらの土地を容易に入手できたことは政権運営のうえで大いに助けになった。

　一方で、明治2年（1869）の版籍奉還後に再び東京に移住してきた元大名の華族は、かつての中屋敷や下屋敷をそのまま邸宅として使用する者も多かった。新政府の要職にいた人たちは下級藩士の出身が多かったため、大名

『江戸切絵図 外桜田永田町絵図』

大名屋敷が集中していた霞が関周辺の切絵図（国立国会図書館所蔵）と、現在の地図

広大な彦根藩井伊家上屋敷跡は現在は憲政記念館

A：臼杵藩稲葉家上屋敷＝警視庁　B：広島藩浅野家上屋敷＝国土交通省　C：福岡藩黒田家上屋敷＝外務省　D：広島藩浅野家中屋敷＝国会議事堂

屋敷を手に入れ、武士時代にはかなわなかった殿様暮らしを楽しむ者もいたようだ。

大名屋敷の有効活用

「江戸300藩」の豊富な大名屋敷は、ほかにも大学や大使館、ホテルなどに転用された。明治後期には財政難から屋敷を売却する華族も増え、大企業や実業家が購入した例もあれば、大名屋敷の跡地が池田山、島津山、西郷山などの分譲地となった例もある。また、大名屋敷の庭園が公園になった場所もあり、これなどは、姿を消した大名屋敷が多いなかで、当時の面影を残すといえるだろう。

現在の東京のランドマークには、前身が大名屋敷だった場所が多いが、時代によって用途を変えてきたものもある。例えば、六本木を代表する2つのランドマーク「東京ミッドタウン」と「六本木ヒルズ」は、いずれもかつての毛利家の屋敷跡。東京ミッドタウンは長州藩毛利家の下屋敷が明治期に陸軍駐屯地となり、戦後に米軍将校宿舎、防衛庁庁舎を経て、現在の大規模複合施設に生まれ変わった。一方の六本木ヒルズは、長州藩の分家である長府藩毛利家上屋敷がルーツ。その後、明治の陸軍大将・乃木希典の生家となり、中央大学創始者・増島六一郎の邸宅、昭和に入ってニッカウヰスキーの工場、テレビ朝日を経て現在に至る。

現在の東京は、江戸の街並みを形成していた大名屋敷の跡地の有効活用によって成り立っているのである。

◀六本木ヒルズ内にある池泉回遊式の「毛利庭園」は、長府藩毛利家上屋敷にあった庭園を再現したもの。現在の庭園の地下に、かつての庭園の遺構が保存されている

主な大名屋敷の現在

現在の施設	所在地	前身の大名屋敷
防衛省庁舎	新宿区市谷	尾張藩徳川家上屋敷
外務省庁舎	千代田区霞が関	福岡藩黒田家上屋敷
法務省庁舎	千代田区霞が関	米沢藩上杉家上屋敷
国土交通省庁舎	千代田区霞が関	広島藩浅野家上屋敷
迎賓館	港区元赤坂	紀州藩徳川家中屋敷
国会議事堂	千代田区永田町	広島藩浅野家中屋敷
最高裁判所	千代田区隼町	田原藩三宅家上屋敷
明治神宮	渋谷区代々木	彦根藩井伊家下屋敷
帝国ホテル	千代田区内幸町	福山藩阿部家上屋敷
ホテルオークラ	港区虎ノ門	川越藩松平家上屋敷
ホテルニューオータニ	千代田区紀尾井町	彦根藩井伊家中屋敷
東京国際フォーラム	千代田区丸の内	土佐藩山内家上屋敷
世界貿易センタービル	港区浜松町	小田原藩 大久保家上屋敷
アメリカ合衆国駐日大使館	港区赤坂	牛久藩山口家上屋敷
イタリア共和国駐日大使館	港区三田	伊予松山藩 松平家中屋敷
オーストリア共和国駐日大使館	港区高輪	会津藩松平家下屋敷
椿山荘	文京区関口	久留里藩 黒田氏下屋敷
八芳園	港区白金台	薩摩藩島津家下屋敷
帝国劇場	千代田区丸の内	鳥取藩池田家上屋敷
東京大学	文京区本郷	加賀藩前田家上屋敷
慶應義塾大学	港区三田	島原藩松平家中屋敷
上智大学	千代田区紀尾井町	尾張藩徳川家中屋敷
青山学院大学	渋谷区渋谷	西条藩松平家上屋敷
清泉女子大学	品川区東五反田	仙台藩伊達家下屋敷
新宿御苑	新宿区内藤町	高遠藩内藤家下屋敷
六義園	文京区本駒込	郡山藩柳沢家下屋敷
小石川後楽園	文京区後楽	水戸藩徳川家上屋敷
日比谷公園	千代田区日比谷公園	長州藩毛利家上屋敷
有栖川宮記念公園	港区南麻布	盛岡藩南部家下屋敷
池田山公園	品川区東五反田	岡山藩池田家下屋敷
東京ミッドタウン	港区六本木	長州藩毛利家中屋敷
六本木ヒルズ (毛利家庭園)	港区六本木	長府藩毛利家上屋敷
赤坂サカス	港区赤坂	広島藩浅野家中屋敷
東京汐留ビルディング	港区新橋	仙台藩伊達家上屋敷
丸の内ビルディング	千代田区丸の内	岡山藩池田家上屋敷
東京ドーム	文京区後楽	水戸藩徳川家上屋敷

古さが自慢の神田「古書店街」と最新がウリの秋葉原「電気街」神田が誇る2大専門店街の変遷

神田古書店街は歴史の宝庫

　神田には、世界最大規模ともいわれる専門店街が2つある。神保町の「神田古書店街」と秋葉原の「電気街」だ。両者ともに、発展のきっかけは学生だった。

　江戸時代に越中神保氏の屋敷があったことから、「神保小路」と呼ばれたことをルーツとする神保町では、明治10年（1877）、現在は学士会館が建つ場所に東京大学が創立。

以後、神田には明治法律学校（現明治大学）、英吉利法律学校（現中央大学）、日本法律学校（現日本大学）、専修学校（現専修大学）などの法律学校の設立が相次ぎ、法律関係の書店や古書店が続々と開店した。これが、古書店街としての始まりだ。その後、大学や学部の増加、多様化に合わせ、各店も専門性を持ちつつ発展していった。当初は現在の「すずらん通り」が中心だったが、大正時代に靖国通り沿いに移転。古書店が通りの南側に集

神田の主な専門店街

商人の町だった神田には、古書店街や電気街以外にも専門店街が多い

- 神田古書店街
- 御茶ノ水楽器店街
- 神田スポーツ店街
- 岩本町繊維街
- 秋葉原電気街

▲膨大な古書を保有する各古書店は、各店が書物に関する博物館ともいえる

中しているのは、本が日焼けしないよう北向きの店舗が多いためだ。

現在は、神保町交差点を中心に約150軒もの古書店が並び、その密集率は世界でもトップクラスといわれる。店のラインナップもバラエティ豊かで、江戸時代の古地図や浮世絵専門の書店もある。本好きから研究者まで多彩な人が足を運び、歴史作家の司馬遼太郎が作品を執筆する際、神田古書店街でトラック一杯分ほどの資料を集めたというのは有名な話だ。また、この古書店街は第2次世界大戦の空襲を逃れているが、これは若き日に日本の大学で学んだロシア人博士が、貴重な文化財が多い神保町を攻撃しないよう米軍に進言したからという説もある。今でも神保町の神田古書店街は、日本の書物の歴史が詰まった街である。

時代と歩む秋葉原電気街

一方の秋葉原は終戦直後、現在の神田駅付近の闇市で、電機工業専門学校（現東京電機大学）の学生たちがアルバイトで始めたラジオの組み立て販売が盛況となり、電器関係の露天商が集まったのがきっかけ。彼らが、GHQによって秋葉原駅のガード下へ移されたのが電気街の始まりだ。その後、昭和20年代の民放ラジオとテレビ放送の開始、昭和30年代の「三種の神器（白黒テレビ・冷蔵庫・洗濯機）」に代表される家電ブームの到来に合わせ、電気店の数も増加。昭和50年代には「メイド・イン・ジャパン」の電化製品が海外で人気となり、多くの外国人も訪れるようになった。

平成に入り、郊外型の家電量販店が各地に増えると、秋葉原の店の多くはパソコンやネットワーク機器、携帯端末といったマルチメディア関連の専門店に移行。「オタク」と呼ばれる一部のパソコン好きがゲームやアニメ、フィギュア、アイドルなどを好んだことから、そうした商品を扱う店舗も増えていった。そして、マンガやアニメが海外で好評になったことも手伝って、秋葉原はサブカルチャーの発信地としても世界的に有名になったのである。秋葉原は、まさに時代に寄り添って発展してきた場所だ。

神田古書店街では、取り扱う書物が古ければ古いほど喜ばれる。かたや秋葉原電気街でウリになるのは最先端。2つのエリアの対比が面白い。

▲世界有数の電気街となった秋葉原は、今後も時代に合わせて進化していくだろう

上野はどうして日本の文化と芸術の聖地と呼ばれるようになったのか

▲明治期の木造だった頃の東京国立博物館

日本初の公園として人々が集う場に

　東京国立博物館など5つもの国の文化施設をはじめ、多くの博物館や美術館が集まり、文化と芸術の香りを漂わせる上野。なぜ上野に博物館や美術館が集中しているのか、その歴史をひもとくと、3人の人物が重要な役割を果たしたことがわかる。

　そのうちの一人は江戸時代の僧、天海だ。上野一帯は徳川幕府創設後に整備が始まったが、寛永2年（1625）、将軍家の信頼が篤かった天海が、江戸城北東の鬼門に当たる上野山に、後に将軍家菩提寺となる寛永寺を建立。寛永寺を寺院でありつつ庶民の憩いの場にしたいと考えた天海は、不忍池や清水観音堂、大仏などを整備し、桜を植樹。これにより、上野は多くの庶民が集う江戸きっての行楽の場となっていった。

　しかし、幕末に勃発した戊辰戦争の一環である上野戦争で、旧幕軍の彰義隊が寛永寺に立てこもり、官軍に応戦。寛永寺は官軍が放った火によって大部分が焼失した。

　この戦で焼け野原になった上野に、明治新政府は陸軍病院や陸軍墓地を建設することを検討。しかし、自然豊かなその景観から、上

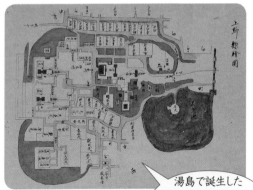

▲文政3年（1820）頃の寛永寺境内。最盛期には現在の上野公園の2倍の広さを誇ったという（『江戸城内并芝上野山内其他御成絵図』国立国会図書館所蔵）

湯島で誕生した東京国立博物館は、内幸町への移転を経て、明治15年に寛永寺本坊の建っていた場所に移った

▲現在の上野公園周辺には国立の文化施設だけでも、東京国立博物館、国立科学博物館、国立西洋美術館、東京藝術大学大学美術館、国際子ども図書館がある

◀第1回目内国勧業博覧会の様子。上野では3回の内国勧業博覧会をはじめとして多彩な博覧会が開催され、競馬会や自転車競争会なども行われた（『内国勧業博覧会之図』国立国会図書館蔵）

野を人々のための公園にすべきだと異を唱えたのが、オランダ人軍医のアントニウス・ボードウィン*だ。この進言により、かつての寛永寺境内は、明治6年（1873）に、日本初の公園のひとつである上野公園に生まれ変わったのである。

　再び庶民の集う場所となった上野は、産業による近代化が推し進められていた明治10年、「内国勧業博覧会」の会場となる。この博覧会を皮切りに、上野ではその後も多彩な博覧会が開かれた。博覧会では日本で初めての電車やエスカレーターも登場し、上野は、当時の最先端技術が見られる場所でもあった。

大英博物館のような
総合博物館を日本へ

　その一方で、上野での博物館建設に尽力したのが、東京国立博物館初代館長の町田久成。薩摩藩士時代にイギリスに留学し、大英博物館に感動した町田は、日本にも総合博物館が必要だと痛感。そのためには広大な土地が必要だと、上野の博覧会場跡地に博物館建設を推進した。そして、明治15年の国立博物館

開館に至る。

　上野は博覧会場のために土地が整備されていたことも手伝って、東京国立博物館をきっかけに、「上野動物園」、東京藝術大学の前身である「東京美術学校」と「東京音楽学校」が開校し、国立国会図書館の前身の「帝国図書館」、関東大震災後には日本初の公立美術館である「東京都美術館」が造られた。昭和に入ってからも「国立科学博物館」、「国立西洋美術館」、「東京文化会館」、「上野の森美術館」などが続々と開館。「上野といえば動物園と博物館・美術館」というイメージが定着するようになった。また、片山東熊の手がけた東京国立博物館の表慶館、世界文化遺産に登録されているル・コルビュジエによる国立西洋美術館など、上野の文化施設の多くは巨匠と呼ばれる建築家の作品。上野公園そのものも、日本の近代建築史を伝える博物館といえる。

　上野を人の集える場とした天海、そして公園とすることを進言したボードウィン、さらに大博物館構想を実現した町田久成という先人たちの功績があってこそ、上野は日本を代表する文化芸術の杜になったのである。

*ボードウィンは江戸幕府の招きで来日し、オランダ医学の普及に務めた | 93

由緒ある神社の歴史と氏子たちの熱気あふれる祭

「神輿深川、山車神田、だだっ広いは山王様」—— 江戸時代に唄われた江戸三大祭の特徴である。いまも江戸っ子の心意気を受け継ぐ三大祭を神社の創建順に紹介しよう。

千代田区外神田にある神田明神（正式名は神田神社）の創建は天平2年（730）。当時は現在の大手町にあった。その後、関ヶ原の戦いに臨む徳川家康が戦勝を祈願し、見事天下統一。神田明神は江戸城の表鬼門である現在地に遷座し、江戸総鎮守となる。神田祭は、山車が将軍上覧のため江戸城内にまで入り、「天下祭」と称された。明治以降、道路事情などにより山車は激減して神輿が中心になる。

山王様とも呼ばれる日枝神社

山王祭

御鳳輦2基、宮神輿1基、山車5基や王朝装束姿の人々が、300mに及ぶ祭礼行列が銀座や皇居、日本橋、新橋などをめぐる。現在は皇居入りはしないが、坂下門で神符の献上や参賀を行っている

の創建年は不詳だが、江戸城築城の後、太田道灌が城内に鎮護の神として川越山王社を勧請。「徳川将軍家の産神」として信仰される。4代家綱の治世に、江戸城の裏鬼門である現在の千代田区永田町に遷座。「だだっ広いは山王様」と唄われたのは、氏子域が江戸一番だったためだ。こちらも将軍上覧の「天下祭」であり、神

社会のコラム

江戸っ子の心意気を受け継ぐ 江戸三大祭

田祭ともに大規模なため、本祭は交互に1年おき。その習わしは現在も続いている。

深川八幡祭を開催する富岡八幡宮の創建は、寛永4年（1627）。場所は現在地の江東区富岡だ。八幡大神を尊崇した徳川将軍家の保護を受ける。見どころは今も昔も神輿。元禄時代には豪商・紀伊国屋文左衛門が総金張りの宮神輿3基を奉納。関東大震災で焼失したが、平成3年（1991）に日本一の黄金大神輿が奉納され、宮神輿が復活した。

富岡八幡宮 例祭

「深川八幡祭」の名で親しまれているが、「水掛け祭」の別名の通り、沿道の観衆から担ぎ手に浴びせられる清めの水と神輿、担ぎ手が三位一体となって盛り上がる様子はこの祭ならではの特徴だ

神田祭

大小200をこえる神輿を、揃いの半纏を着た氏子たちが担ぎ歩く様子は圧巻。神田明神を出た神輿は朝から夕方まで神田各所をはじめ、秋葉原や丸の内、日本橋まで練り歩く

社会

武蔵野台地を流れる川が造った東京の7つの丘

高台だとわかる愛宕神社の男坂▶

地名からわかる7つの丘

東京の地名には、地形から名づけられたものが多い。まず「丘（台）」と「山」をもつ地名から、東京の地形を探ってみよう。

典型的なのは「山」だ。それにもいくつかの種類がある。形を表したものでは文京区の丸山、渋谷区の円山、品川区の八ツ山があり、大きさを表したものでは目黒区*の大岡山、品川区の小山、方角を示すものには練馬区の向山、北区の西山がある。いずれも高い地形を表している。

次の「山」には、別の共通点がある。北区の飛鳥山、荒川区の道灌山、千代田区の神田山や紅葉山、港区の愛宕山、品川区の八ツ山だ。これらは、右の地図（☞P97「東京の台地と山」）でわかるように、すべてが台地の先端部分に位置しているのだ。

では、台地とは何か。武蔵野台地（☞P34）が造られる過程で、現在の東京より100mも海面が低くなる海退や、再び海に覆われる海進を繰り返すうち、北の荒川と南の多摩川のほか、間にある石神井川や神田川、善福寺川や仙川などの多くの川が武蔵野台地を浸食した。その結果、都心には7つの丘（台）が造ら

武蔵野台地東部の地形

武蔵野台地の西側は標高が高いこともあり、丘がなく全体に高台になっている

武蔵野台地の東側は東京低地と呼ばれ、かつて海だった部分にあたる

多摩川流域は下末吉台地を削った低地。荏原台も下末吉台地の一部

淀橋台と南にある荏原台が、都心でもっとも早く台地を形成した場所

新河岸川　荒川　赤羽　荒川　上野台　東京低地
成増台　田柄川　豊島台　本郷台　池袋
朝霞台　石神井川　神田川
武蔵野台地　妙正寺川
吉祥寺　善福寺川　新宿　淀橋台
荏原台　目黒台　品川　東京湾
多摩丘陵　多摩川低地　下末吉台地　久が原台

多摩面
下末吉面　沖積面
武蔵野面　立川面　泥炭地

0　　5km

（出典：東京都地質調査業協会）

▲武蔵野台地を河川が浸食して丘を形成した様子がわかる。

淀橋台　本郷台　目黒台　久が原台

◀現在の都心部の台地と平地を表した図。目黒台、本郷台などが台地の端にあることがわかる。端にあるということは、周囲に坂があり、高台であることを物語っている（出典：国土地理院）

　* 目黒区の東が丘の元の名は、葦が繁る窪地を意味する芳窪町だったが、1964年の東京オリンピックを機に名称変更

れた。もっとも古い台地は、現在の新宿区、港区、目黒区、品川区一帯を占める淀橋台と荏原台。ほかに豊島台、本郷台、上野台、目黒台、久が原台があり、合わせると7つの台地となり、東京都心に7つの丘がある、といわれるゆえんとなっている。

7つの丘もさらに支流などによる浸食で複数の台地が造られた。たとえば淀橋台に属する港区にも沖積低地と台地があり、台地には赤坂台地、麻布台地、飯倉大地、白金台地などがあり、麻布、白金台、高輪台などの地名になっている。

実際、武蔵野台地には、埼玉県南部を含む朝霞台と板橋区方面の成増台もあるので、合計では9つの台地があることになる。京浜東北線の上野から赤羽に向かう左側の車窓から見える崖が、本郷台と東京低地の境界線だ。

東京の台地と山

京浜東北線の上野と赤羽間の西側が本郷台と東京低地の境界線

愛宕山は淀橋台の東端に位置している

江戸時代の文政（1818〜1830）の頃に描かれた錦絵『東都芝愛宕山遠望品川海図』から、当時の愛宕神社が淀橋台の端に建っていたことがわかる

谷の存在は地下鉄で確認

一方、「台」と対照するのが「谷」の存在だ。川が台地を浸食した結果、谷となったものには、文京区の茗荷谷や新宿区の市谷、四谷、渋谷区の渋谷などがある。これらが谷であることを証明しているのが地下鉄だ。古い時代に造られた東京メトロ銀座線や丸ノ内線は、地下の浅い部分にトンネルが掘られたため、台地と台地の間の谷を通過する際に、線路が地表面に出ている。銀座線の渋谷駅や丸ノ内線の四ツ谷駅と茗荷谷駅がそれにあたり、駅名と地形が一致していることがわかる。

武蔵野台地は西から東に向かって標高が下がっているため、扇状の扇の要部分の西側より、東京湾に近い東側のほうが、丘や谷の存在が顕著になっている。

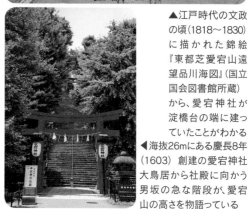

▲江戸時代の文政の頃（1818〜1830）に描かれた錦絵『東都芝愛宕山遠望品川海図』（国立国会図書館所蔵）から、愛宕神社が淀橋台の端に建っていたことがわかる

◀海抜26mにある慶長8年（1603）創建の愛宕神社。大鳥居から社殿に向かう男坂の急な階段が、愛宕山の高さを物語っている

地形と風景、歴史までも
名前に盛り込まれた坂の町
東京23区

風景由来の坂道が教える
江戸期の地形

　丘と谷があれば、坂道が多いのも東京の特徴だ。坂道は都下よりも23区に圧倒的に多い。23区内には600とも800ともいわれる名前がついた坂があるが、なかでも千代田区、港区、新宿区に多く、合わせると23区全体の60%に及ぶ。武蔵野台地の東端にある淀橋台に多いことがわかる。対して、東京低地と呼ばれる墨田区や江東区、江戸川区にはほとんどな

▲荒川区西日暮里にある富士見坂から見た富士山（2011年11月撮影）。ビル群がなかった江戸時代、どれほど雄大な富士山が目前に迫っていたかが想像できる

◀文京区大塚3丁目にある富士見坂から見た富士山（2021年1月撮影）。ビルのすき間からとはいえ、富士山がよく見える

く、埋立地が多く占める中央区や、川による浸食が少ない台地部の練馬区や中野区にもほとんど見られない。

　興味深いのは、600以上ある坂道の名前の由来だ。多くが江戸時代につけられ、坂道から見える「風景」に由来するものが多いが、町名や地形、大名屋敷名、寺社名や人名などに由来するものもある。

　地形を表しているのは、「富士見坂」「潮見坂」「江戸見坂」など、風景由来の坂道だ。もっとも多い富士見坂は、23区内に24ヵ所ほどあり、江戸時代に坂上から富士山を見渡す眺望が得られたことを示していることは言うまでもない。潮見坂も、遠望に東京湾を見下ろす地であったことを物語っている。一方、港区虎ノ門や品川区小山にある江戸見坂は、そこから江戸の町の大半を見下ろすことができたからだといわれる。ちなみに虎ノ門も小山も愛宕山がある淀橋台にある。

　戦後の都市化によって、富士山や東京湾や都心が見えなくなった坂も多いが、今でもかろうじて富士山が見られるのが、大塚と西日暮里にある富士見坂。年々、新たなビルの建設でその眺望が狭められているが、風景由来の坂道の名から江戸時代の様子を想像するのは楽しい。

歴史や人名から
江戸時代をしのばせる坂道

　大名屋敷由来の坂の一つに紀伊国坂（きのくにざか）がある。外堀通りを四谷方面に向かう坂道で、紀州藩の上屋敷があったことから名づけられた。紀伊国坂の東側、ちょうど江戸時代の外堀と内堀の間にあたる一帯には、大名の江戸藩邸が数多くあり、紀尾井坂はそれを象徴している。北側には尾張徳川家、南側には紀州徳川家と彦根藩井伊家があり、南北にある3つの屋敷の間を通る坂を、紀州・尾張・井伊の3文字から取ったのが紀尾井坂*だ。尾張徳川家跡地は現在の上智大学、紀州徳川家は東京ガーデンテラス紀尾井町、井伊家の中屋敷跡はホテルニューオータニ*になっている。いかにそれぞれの屋敷が広大だったかが分かると同時に、大名屋敷由来の坂道が、いずれも江戸屋敷が淀橋台の高台に位置していたことを物語っている。

▲江戸切絵図に描かれた紀尾井町付近の現在の地図。紀伊国坂と紀尾井坂のほか、富士見坂という名の坂もあるなど、坂道の多い地区だ

▲千代田区の紀尾井坂。清水谷公園北側から西の喰違見附あたりまで続く約200mのゆるやかな坂◀現目黒雅叙園の西側にある太鼓橋から現目黒駅に向かう行人坂は富士見の坂としても有名だった。歌川広重が何枚もの錦絵に坂道と富士山を描いている（『目黒行人坂』国立国会図書館所蔵）

　人名では、坂の途上に夏目漱石（なつめそうせき）の生家があったことに由来するのが夏目坂。新宿区の馬場下町と若松町交差点を結ぶ道だ。漱石は、随筆『硝子戸の中』で、「父は（中略）自宅の前から南へ行く時に是非共登らなければならない長い坂に、自分の姓の夏目という名をつけた。」と記している。目黒区の権之助坂（ごんのすけざか）も人名由来の一つ。一説によると、江戸中期の地元の名主、菅沼権之助は村人のために尽力した結果、刑に処せられた。最後の望みはと聞かれ、我が家を見たい、と答えた彼が、最後に振り返って村を見た坂が「権之助坂」。村人が彼の功績をたたえ、そう呼ぶようになったという。地元の坂道の名の由来を知ると、意外な発見があるかもしれない。

東京を二分する下町と山の手、その境界線はどこにある？

山の手にある有栖川宮記念公園▲

江戸時代に生まれた下町、山の手区分

　普段、何気なく使っている「下町」と「山の手」という言葉。いったいどこを指すのだろう。実際、それらの言葉は行政区分や町名、区名になっていないことから、そもそも明確な範囲が確定されているものではない。

　しかし、広辞苑によれば、下町とは「低い所にある市街。商人・職人などの多く住んでいる町。東京では台東区、千代田区、中央区から隅田川以東にわたる区域をいう」とあり、江戸幕府が編纂した地誌『御府内備考』には、「下町は江戸城の膝元つまり御城下（おしろした）の町であるから下町と略した」とある。

　下町、山の手という言葉が、18世紀に頻繁に見られるようになっていることや、東京都地質調査業協会の見解を合わせると、地理的な観点では、江戸時代の下町は、"東京低地"にあたり、山の手は武家屋敷が多くあった江戸城周辺の高台で、"武蔵野台地"の東縁部分を指すと考えられ、その区分けが現在の認識のもとになっていると考えられている。その境界は段丘崖で示され、もっとも顕著に表れているのが、JR

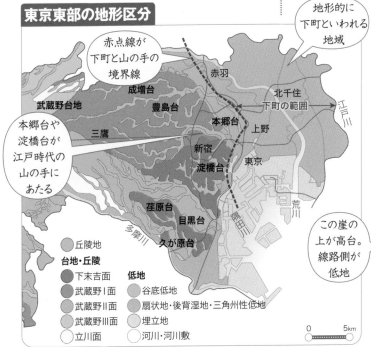

東京東部の地形区分

赤点線が下町と山の手の境界線

地形的に下町といわれる地域

本郷台や淀橋台が江戸時代の山の手にあたる

赤羽　成増台　武蔵野台地　豊島台　三鷹　北千住　下町の範囲　本郷台　上野　江戸川　新宿　淀橋台　東京　荒川　荒原台　目黒台　久が原台　隅田川　多摩川

この崖の上が高台。線路側が低地

凡例
- 丘陵地
- 台地・丘陵
  - 下末吉面
  - 武蔵野I面
  - 武蔵野II面
  - 武蔵野III面
  - 立川面
- 低地
  - 谷底低地
  - 扇状地・後背湿地・三角州性低地
  - 埋立地
  - 河川・河川敷

0　5km

参考：東京都地質調査業協会技術ノートNo.39

▲日暮里駅北側にある下御隠殿橋からJRの線路を見下ろすと、高台と低地の境目がよくわかる

◀江戸時代、日本橋は町人文化の中心地であり下町の代表とされた。左の錦絵「日本橋真景并二魚市全図」は歌川広重作（国立国会図書館蔵）。▼現在の日本橋川

の線路を見下ろす日暮里駅近くの下御隠殿橋（しもごいんでんばし）からの風景だ。線路から東側が低地で、西側が台地になっているのがわかる。

　一方、人々については、下町が、職人や商人などの町人の町を示しているのに対し、山の手に富裕層、上流階級というイメージがあるのは、江戸から明治時代にかけての土地所有者の変遷によるものが大きい。なぜなら武家屋敷跡の多くが明治以降、大学や記念庭園のほか、迎賓館や明治神宮、陸上自衛隊駐屯地や外務省などに変わったほか、財閥の所有地や大学関係者、政府高官の所有地となったためだ。

時代によって変遷する地域

　国士舘大学地理学報告によれば、山の手、下町の区分は、時代によっても変遷しているという。江戸時代の山の手は、武家屋敷があった江戸城の北から西にあたる台地で、麹町や四谷、牛込、赤坂、小石川、本郷あたりだったが、明治から大正時代にかけて山手線が開通すると、"山手線内"を山の手とする意識が広まった。その後、大正12年（1923）の関東大震災を機に住宅地が当時農村だった中野区や杉並区、世田谷区にまで広がり、さら

に近年では吉祥寺や田園調布も含まれるようになったため、武蔵野台地の西の地域も山の手と考えられるようになった。

　一方、下町も江戸時代は、御城下の京橋や日本橋、神田を指したが、幕末から明治時代にかけては、下谷や浅草が下町と呼ばれるようになり、大正から昭和時代の初めにかけては、本所や深川も下町の範囲に組み込まれた。また、現在の港区にある有栖川宮記念公園（ありすがわのみや）は、江戸時代には陸奥盛岡藩南部家下屋敷（むっ）があった場所で、麻布の高台に位置した山の手の範囲。ところが、周辺には小さな谷もあり、谷には町人が多く住んでいたため、現在の麻布十番などは、"山の手の下町"とも呼ばれる。

▲山の手を代表する大名屋敷跡。下のグリーン地帯が高遠藩内藤家下屋敷跡の新宿御苑、左側の森が加藤家、井伊家の下屋敷跡にできた明治神宮。ともに下屋敷ながら、いかに広大な土地を有していたかがわかる

1000年前の平安時代から大きく流れを変えた利根川と荒川の今昔物語

江戸時代に流れが変わった2つの大河

都内には、合計107河川があり、総延長は約858kmにおよぶ。内訳は、国土交通大臣が指定する一級河川の多摩川水系、荒川水系、利根川水系、鶴見川水系に属する92河川と、都知事が指定する15の二級河川だ。ここでは一級河川のうち、人為的に流路が大きく変わった利根川水系と荒川水系を追ってみる。

利根川、荒川とも江戸時代までは現在とは異なる流路だった。もともと荒川は利根川の支流で、埼玉県の熊谷の南で合流し、東京湾に注いでいた。最初にその流れを変える大事業を命じたのは、徳川家康。「利根川の東遷（とうせん）」

「荒川の西遷（せいせん）」といわれ、水田地帯を洪水から守り、新田を開き、物資を運ぶ舟運を開発する目的で、大規模な瀬替え工事を行ったのだ。利根川の流れを東に変える利根川の東遷によって、利根川と荒川は切り離され、利根川は渡良瀬川や鬼怒川などと合流して、銚子から太平洋に注ぐこととなった。一方、荒川の西遷で、荒川は熊谷久下あたりから新しく造られた河道に誘導されて入間川とつながり、東京湾に流れ込むことになる。その結果、町は発展し、江戸の人口は100万人に増えた。

利根川の東遷により、かつては太日川（ふといがわ）と呼ばれ、利根川より東を流れていた江戸川が、利根川の西を流れることになった。また、両方の影響を受けたのが隅田川だ。もとは利

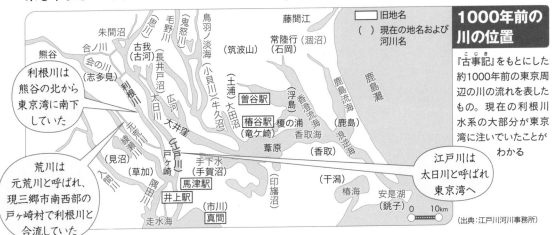

1000年前の川の位置

『古事記（こじき）』をもとにした約1000年前の東京周辺の川の流れを表したもの。現在の利根川水系の大部分が東京湾に注いでいたことがわかる

利根川は熊谷の北から東京湾に南下していた

荒川は元荒川と呼ばれ、現三郷市南西部の戸ヶ崎村で利根川と合流していた

江戸川は太日川と呼ばれ東京湾へ

0　10km

（出典：江戸川河川事務所）

根川の下流を隅田川と呼んでいたが、2つの河川の瀬替えの結果、隅田川は利根川水系から荒川水系に変わった。平安時代に在原業平（ありわらのなりひら）一行がこの地を訪れたことは、"業平橋"の名にとどめられているが、それが現在の大横川親水公園にかかる橋であることから、平安時代と現在で流路が異なっていることがわかる。

明治時代の治水計画で新たな荒川が誕生

明治に入ると、新政府は帝都建設と欧米列強並みの都市化を目指し、工場建設を推進。江戸時代の農地は工場用地に変わり、市街地も拡大。「荒ぶる川」と呼ばれた荒川がもたらす洪水は、工場内の設備や材料、製品を直撃したため、農地だった時代より受けた打撃の大きさは計り知れなかった。しかも明治元年（1868）から明治43年までの間に、床上浸水を起こした洪水は10回以上に達し、特に関東から東北地方まで襲った明治43年の大洪水では、埼玉県の平野部全域が浸水し、東京下町も壊滅的な被害があった。

未曾有の大水害を契機に、下町を水害から守る抜本的な対策として練られた治水計画が「荒川放水路」の開削だ。北区の岩淵（いわぶち）に水門を設けて荒川を分流し、一方の流れを河口近くで中川と合流させて東京湾にいたる総延長22km、幅500mの放水路を掘るというもの。明治44年に始まった工事は約20年におよんだ。1300戸の家屋移転のほか多くの難航を乗り越え、完成したのは昭和5年（1930）。その間、大正7年（1918）には、荒川上流部の改修も行われ、蛇行した低水路の直線化や、堤防の整備により、洪水の被害は激減。昭和40年、荒川放水路は正式に荒川となり、岩淵水門より下流の本来の荒川は隅田川と呼ばれることになった。ただ、荒川と隅田川の間には、「江東デルタ地帯」と呼ばれる海抜ゼロメートル地帯の存在が顕著となり、現在もさまざまな対策や避難計画が練られている。

▲岩淵水門で、荒川が二手に分かれる。右手が北区で右側が隅田川。左が荒川で対岸は川口市

利根川は、新潟県と群馬県の境にある大水上山を水源とする322kmの大河だ

荒川は岩淵水門で荒川放水路に沿い東に流れることとなった

江東デルタ地帯と呼ばれる海抜ゼロメートル地帯

現在の江戸川の流れは、江戸時代に造られたもの

現在の川の位置

江戸時代の東遷によって、利根川が東側に移動し、太平洋に注ぐことになったため、周辺の多くの川の流れも変わることとなった

（出典：江戸川河川事務所）

川が流れていた地形を伝える
街にあふれる
暗渠(あんきょ)サイン

▲車止めは、川だった場所に設置されていることが多い

東京は暗渠の宝庫

　東京の地形の土台になっている武蔵野台地（☞P34）には、今見られる総計約858kmの河川のほかにも無数の川が流れていた。川は谷をつくり、坂を生み、景観を生み出す。ところが、江戸時代に川の瀬替えや玉川上水の設置（☞P73）が行われ、明治以降の急激な人口増加によって宅地の需要が増えたことで、その無数の川の多くが姿を消していった。今見る東京の風景から、かつての川の姿を見ることはできない。しかし、その存在を伝えてくれるものがある。「暗渠」だ。

　暗渠とは、川が蓋で覆われたり、地下に埋められたりして本来の川面が見られなくなった水路のこと。東京の川が最初に暗渠化し始めたのは、大正末期から昭和にかけて。人口増加と関東大震災後の市街地の拡大がきっかけだった。無数の川に生活排水や工場排水が流入し、河川汚染が激化したため、汚染対策として川に蓋をされたのだ。さらに昭和25年（1950）に「東京特別都市計画下水道計画」が決定されると、下水道の設置が急務となった。下水道を新設するより、川を覆って下水道に転用した方が、技術的にも経済的にも効率的だったため、多くの川や水路が暗渠化されたのだ。加えて1964年の東京オリンピックを機に近代化に邁進するとき、川の暗渠化と下水道整備が一気に加速。結果、大まかにいえば、失われた川の数だけ、暗渠ができたということになる。山手線の内側では、どの場所を選んでも直径1kmの円内にはかならず暗渠があるといわれる。

▲明治40年頃、新橋から銀座通りを見た様子。中央に橋がかかっているのがわかる（国立国会図書館所蔵）

▲かつてあった新橋という橋の親柱が残る。場所は銀座8丁目の交差点近くの高速道路の真下

"暗渠サイン"を探そう

暗渠化するにもいろいろ工法があるが、もっとも一般的な方法は、川の上をアスファルトでふさぎ、ところどころにマンホールを設置して道路にすること。特に短い間隔でマンホールが並ぶ道路は暗渠であることが多い。そのほか、暗渠愛好家の間で「暗渠サイン」と呼ばれているものに、かつての川を知る手がかりがある。まずは川がないのに橋という名前がついたり、川がないのに橋があったりする場所。銀座8丁目には、難波橋、土橋などの名が並び、高速道路の下には橋の欄干が残り、さらに高速道路の橋桁には「銀座新橋」と書かれている。これらは、かつてここに汐留川（新橋川）という川が流れていた証拠だ。くねくねした道も蛇行する川だった証であることが多い。昔、渋谷川だった場所に沿ってその様子が顕著に表れているのが、原宿の「キャットストリート」だ。あのくねくね感はまさに暗渠サイン。また道路に背を向けて建物が並ぶのも暗渠であることが多く、元の渋谷川沿いにある「のんべい横丁」がその一つ。車止めが暗渠を示すサインといわれる理由は、川を埋め立てる際に蓋をしただけの場合が多く、重量のある車両が入ると耐えきれないため、車止めが置かれたからだという。谷底の淵に川が流れていた場合は、台地に上がるための階段が設けられていることも多い。また、水を使用する銭湯やクリーニング店、豆腐店などが並ぶ場所も、暗渠サインの一つといわれる。暗渠サインを探しながら、東京の昔の様子を想像するのも楽しそうだ。

のんべい横丁は暗渠の始まり

原宿のキャットストリートはこのあたり

幅は狭まったが渋谷川が見られる

流域界
区界
河川
下水道幹線（昔の河川）

河骨川　新宿駅　新宿区　隠田川　千代田区　東京駅
　　　　　　　　　　いもり川
宇田川　　　　　　　笄川　赤羽川
　　　　　　　　　　一之橋　赤羽橋
渋谷駅　　　　　　　港区
　　　　　　　渋谷川　古川橋　入間川
　　　　　　　天現寺橋
　　　　　目黒区
　　　　　　　　　品川駅

▲渋谷区の宮益橋（みやますばし）から天現寺橋（てんげんじばし）までの2.6kmを渋谷川、天現寺から河口までの4.4kmを古川（ふるかわ）という。その上流域と支川はすべて暗渠構造で下水化されている。（出典：東京都建設局）

渋谷川の今

◀左地図の下方にある渋谷川の現在の様子。ここから渋谷川は天現寺橋で古川と名前が変わり、東京湾にそそいでいる

◀原宿のキャットストリートを歩くと、道が川の流れのように蛇行しているのがわかる

◀渋谷駅近くからMIYASHITA PARKまでの線路沿いにある細い路地にのんべい横丁はある。この道路の下が下水道となり、川の姿が消えた

江戸幕府が始まって以来
海の上に土地を造り続け
拡大の一途をたどる日本の首都

明治以降に拍車が
かかった埋め立て

　天正18年（1590）の徳川家康の入府に伴って始まった日比谷入江の埋め立てを皮切りに、東京では埋め立てが盛んに行われてきた。現在では東京港周辺の土地は、ほとんどが埋め立てによるものだ。

　江戸時代の埋め立ては、増大する人口を吸収するための市街地拡大とごみ処理が主な目的で、干潟や砂州、氾濫原の湿地を陸地化するものが多かった。沖合に人工の土地を造成したのは幕末の品川台場（☞P80）ぐらいのも

ので、海辺の自然も保たれていた。

　東京港の埋め立てが計画的かつ本格的に行われるようになり、湾岸の様相ががらりと変わるのは明治時代に入ってから。隅田川から流れ出る土砂の影響で、もともと浅瀬だった海がさらに浅くなり、船の航行に支障をきたすようになったためだ。そこで、港湾整備の一環である「隅田川口改良工事」をはじめとする埋め立てが段階的に行われ、佃島や月島、勝どき、芝浦、東雲、東品川などの埋め立て地が誕生。大正時代には晴海や豊洲の埋め立てが行われた。関東大震災によって陸上の交通が遮断された際には、海上輸送のための本格的な港湾の必要性が叫ばれた。以降、戦後にかけては主に港湾機能を向上させるための埋め立てが進み、竹

◀現在、東京都で最も広い公園は埋め立て地にある。写真手前が昭和48年（1973）から昭和62年にかけて埋め立てられた場所に広がる「海の森公園」。園内の一角には2021年の東京オリンピック、東京パラリンピックの会場となった海の森水上競技場も建設された

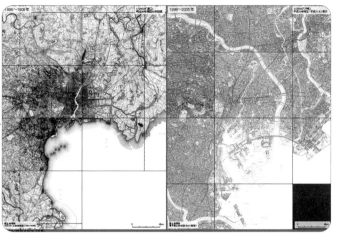

地図で見る東京港の今昔

左は明治29年〜明治42年頃、右は平成10年（1998）〜平成17年頃の東京港。東京港はごみ処理、物流拠点、業務・商業、住居、レクリエーションなどさまざまな都市機能をもつエリアとして拡大を続けている（出典：今昔マップ）

東京港の埋め立ての変遷

年代による色別で示した東京港拡張の変遷。戦後から高度経済成長期にかけて、大規模な埋め立てが行われたことがわかる（出典：関東地方整備局港湾空港部ホームページ）

芝や晴海、大井、品川の各埠頭が整備され、昭和以降では羽田空港の建設が本格化した。

埋め立てなくしては語れない東京の歴史

このような歴史的背景を通じて、浅瀬だった海は深くなり、浚渫残土が埋め立て地を生み出していった。関東大震災や第二次世界大戦によって町にあふれた瓦礫、バブル時代の大量の建設残土や廃材も、次々と埋め立て地へと姿を変えていった。

統計によると、江戸時代から現代までに埋め立てられた東京港の面積は57.3㎢に及ぶ。これは、千代田・中央・港・新宿の4区を合わせた面積に匹敵し、当初の江戸湾の内海面積の20％近くに相当するといわれる。区別で見ると、最も広い面積が埋め立てられたのは江東区、次いで大田区である。

そして、海岸線の様相も変わってきた。明治5年（1872）、新橋〜横浜間に日本で初めて開通した鉄道は、品川付近では海沿いを走っていた。当時の路線である高輪築堤の遺構が、2019年、山手線の新駅として開業準備

中の高輪ゲートウェイ駅の工事中に出土して話題になった。つまり、昔はそこが海岸線だったということで、それほどまでに東京の海岸線は変貌を遂げた。

家康の江戸入府から400年以上たった現在でも、東京港では埋め立てが続き、東京のウォーターフロントは広がり続けている。ごみの処分場建設、臨海副都心開発など、埋め立ての目的はさまざまだ。東京の歴史は埋め立ての歴史と言っても過言ではないのである。

◀明治44年の品川駅付近。品川駅自体、埋め立て地に造られており、現在の港南口はまだ海だった（国立国会図書館所蔵）

地図凡例：中世／江戸初期／江戸末期／明治末期／戦後／高度経済成長期／昭和末期／現在

千代田区　中央区　江東区　江戸川区　港区　品川区　大田区

理科　社会●地理　美術・音楽・家庭科　国語　算数

107

水が湧き出る緑の台地
その源となっている
国分寺崖線の魅力

国分寺崖線の台地からは富士山がよく見える▲

美観を生む"崖の連なり"

　国分寺崖線とは、立川市から国分寺市、世田谷区などを経由して大田区へ続く約30kmの"崖の連なり"のこと。立川崖線※とともに、古代の多摩川が南へ流れる過程で、武蔵野台地（☞P34）を削ることでできた河岸段丘の連なりだ。具体的には立川市砂川九番から、野川に沿って東南に向かい、東急線二子玉川駅付近で多摩川の岸辺に近づき、それから先は多摩川に沿って大田区の田園調布まで続いている。

　様々な特徴があるが、その1つが、崖線（ハケ）全体の約35％が樹林地として残っていること。そのため、崖の斜面地には原始林を思わせるような巨木や古木が多く見られる。崖の下の低地では、都内の約1割を占めるほどの湧き水が噴出し、世田谷区には約100カ所の湧水地点があるという。流れ出す清水は渓流や池、水田など、多様な水辺の風景を生み出している。なんといっても天然の湧き水と雑木林が織りなす自然景観の美しさは、国分寺崖線の魅力だ。

　一方、崖の上の台地には、

国分寺崖線と周辺の景観
東京都都市整備局は、崖線の斜面下の低地部分約360mと、斜面上の台地約80mの範囲を「国分寺崖線景観基本軸」と定め、緑地景観を保持するための取り組みの対象としている

グリーン部分が国分寺崖線景観基本軸

▲国分寺市にある殿ヶ谷戸庭園は、三菱財閥岩崎彦彌太などの別邸だった地。樹林や崖下の湧水池、段丘上の芝生など、国分寺崖線が生む環境を生かした回遊式林泉庭園だ

▼小金井市と府中市にまたがる武蔵野公園の北側に国分寺崖線が走る。公園内の小高いくじら山から、ハケと呼ばれる崖線の様子が見渡せる

先史時代からの歴史が刻まれており、古墳や寺社などの史跡のほか、大正時代から昭和初期にかけて建てられた財界人の別荘などが点在する。国分寺崖線は斜面が南西方向を向いていることから、低地と台地を結ぶ坂道から富士山や丹沢などの山並みを一望できるのも特徴だ。

関連自治体が整備を強化

　もともと自然美豊かな国分寺崖線周辺だったが、明治時代に鉄道や道路が拡張され、昭和以降には急速な宅地開発で地形が改変された結果、緑地景観の減少や湧き水の枯渇など、環境が悪化した。ところが、近年、国分寺崖線沿いの区や市、NPO法人などにより、貴重な自然を保全しようとする動きが高まっている。崖線沿いの緑地帯が、区市によって分断されないよう、各自治体が様々な提案を行っている。本来の崖線が描くかけがえのない美しい景観が戻る日もそう遠くないはずだ。

◀調布市深大寺周辺には、水田のある里山風景が健在
▼深大寺の近くには、豊富な湧き水を水源に、明治末期に地元の人々がお金を出しあって建てた水車小屋があった。深大寺水車館にはそれを再現した水車小屋がある

◀世田谷区岡本3丁目の坂道から見る富士山。このように崖線の坂道からは南西方向に山々が見渡せる

▶世田谷区瀬田にある旧小坂家住宅は、昭和初期に建てられた政治家小坂順造の別邸。政財界の富裕層に人気の地で、台地上に立つ住居からは国分寺崖線の緑が見渡せる

◀世田谷区の等々力渓谷は、国分寺崖線の最南端にある約1kmの渓谷。台地と不動の滝の標高差は約10m。川の浸食の結果だ

三鷹市

つつじヶ丘駅
柴崎駅

狛江市

成城学園前駅

喜多見駅

世田谷区

上野毛駅
等々力駅

二子玉川駅
二子新地駅

自由が丘駅

奥沢駅
田園調布駅
多摩川駅

大田区

新丸子駅
沼部駅

⬤ 国分寺崖線
　景観基本軸の区域
▭ 鉄道
---- 区市界

出典：東京都都市整備局・国分寺崖線景観基本軸

1964年東京オリンピック開催決定をきっかけに変貌した大都市東京

▲国立代々木競技場の第一・二体育館

競技場やホテルの建設場所

東京が、第18回オリンピック競技大会の開催地に決定したのは、昭和34年（1959）のこと。経済白書に「もはや戦後ではない」と記された3年後であり、戦争で焼け野原になった東京の復興を世界にアピールする目的があった。折しも日本は、高度経済成長期の真っ只中だ。

とはいえ当時の東京は、土埃舞う過密都市だった。1947年から人口が400万人以上増加し、小さな建物や住居が密集。未舗装で迷路のような道路は常に渋滞して交通マヒを招き、鉄道では通勤ラッシュ。下水道も未整備で、汲み取り式トイレが多かった。

東京は、オリンピック関連施設や近代的な

ホテルの建設をはじめ、各種インフラ整備など、わずか5年間で成し遂げなければならなかったのだ。

空き地のほとんどない都心で、競技施設やホテル建設のために大いに転用されたのが、占領軍に接収されていた元軍用地、それに皇室や華族関係用地である。

国立代々木競技場や代々木選手村、NHK放送センターは、敗戦前までは陸軍練兵場であり、その後に在日米軍施設ワシントンハイツとなった土地に建設。日本武道館は、近衛師団司令部のあった場所だ。東京体育館は、徳川邸の跡地である。旧防空緑地には、駒沢オリンピック公園が建設される。

高級ホテルとして、パレスホテルや大谷ホテル（現・ホテルニューオータニ）、赤坂

▲在日米軍施設ワシントンハイツ跡地に建設された国立代々木競技場。2021年の東京オリンピックでも会場となった。丹下健三の設計で、2021年に国の重要文化財に指定される

▲国立霞ヶ丘競技場（旧国立競技場）。大正時代建造の明治神宮外苑競技場は明治神宮から文部省（現・文部科学省）に譲渡された後、1964年の五輪前にスタンドなどの増改築が行われた

▲1964年10月10日の開会式。93の国と地域から5152名が参加し、20競技163種目が行われた。2021年の東京オリンピックでは、206の国と地域から1万1092名が参加し、33競技339種目が行われ、規模は倍増した

プリンスホテルなどが皇室・華族関係跡地に、ホテルオークラが大倉財閥の屋敷跡地に華々しく新築・開業した。

未来先取りの交通インフラ

　交通インフラで、特に重要視されていたのが、首都高速道路だ。しかし用地買収は難しく、全体の35%を日本橋川と神田川など河川上部、37.7%を街路上部、12.9%を国有地利用で建設されることになった。結果、ビルの谷間を首都高の高架が曲線を描く、近未来的な都市景観が出現した。また、オリンピック関連道路として環状7号線が整備された。鉄道および主要道路とはすべて立体交差するように設計され、駒沢オリンピック公園と戸田漕艇場、羽田空港が結ばれた。

　さらに、三宅坂から外苑、渋谷、駒沢を通って二子玉川にいたる放射4号線（国道246号線）も整備。幅30～40mのかつてなく広い道路だ。マラソンコースに採用された甲州街道（国道20号線）も急ピッチで整備。都内の渋滞緩和のため、昭和通りの立体交差、隅田川への橋梁新設等も行われる。

　鉄道では、新幹線が開通した。それまで6時間以上かかっていた東京・大阪間が4時間になる。当時の世界最速である新幹線ひかりが走ったのは、開会式の9日前だ。

　羽田空港は整備拡張され、都心へのアクセス改善のために、東京モノレールが誕生。17ヶ月の工期で、オリンピック23日前の完成である。全長13.1kmのモノレールは当時の世界最長。かつては羽田から都心まで2時間かかっていたのが、30分に短縮された。

　わずか5年間で、大都市東京は一気に変貌したのである。1964年10月10日のオリンピック開会式では、前日までの大雨が上がり、眩しいまでの青空が広がった。

▲浜離宮 恩賜庭園の横に高速道路が建設された頃の様子。現在の巨大複合都市汐留シオサイトのある一角は、かつて国鉄の広大な貨物ターミナル汐留駅があった

▲開業まもない頃の東京モノレール。同年開通の新幹線ひかりは、0系電車と呼ばれ飛行機に似た丸い先頭形状が特徴で、世界で初めて時速200km超えを達成（写真提供：東京モノレール）

首都・東京の顔
頻繁運転の生活路線
山手線
やまのてせん

▲山手線の新顔　E235系

山手線は、はじめは
環状線ではなかった？

　多くの人が利用する山手線は23区内にある全30駅をめぐって、東京の都心部の全長34.5kmをおよそ1時間で一周する。実はこの山手線、はじめは一周につながっていなかったのはご存知だろうか。

　ルーツは、明治18年（1885）の日本鉄道の品川線（品川—赤羽間）で、今のように環状運転がはじまったのは、大正14年（1925）11月1日。神田—上野間の高架線が完成してからだ。それ以前は、大正8年に中央線とつ

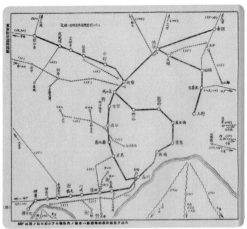

▲上：東京付近線路略図　右ページ上：山手線時刻表
日本旅行文化協会刊「汽車時間表」（創刊号通巻1号）〈JTB時刻表創刊号〉

ながって、中野から新宿—御茶ノ水—神田—東京—品川—新宿—池袋—田端—上野という路線になり、電車はその区間を折り返し運転していた。環状ではなくて、「の」の字運転だったのだ。「JTB時刻表」の創刊号は大正14年4月号なので、この時刻表の索引地図は、山手線がギリギリまだ一周になっておらず、貴重なタイミングの1冊となっている。

　山手線はほとんどがビル街の中にあるのでわかりにくいが、地形的には起伏の大きなところを通っていて、品川からは新宿方面へはほぼ一方的な上り。新宿から新大久保に向かって、中央本線を乗り越すところが、一番標高が高くて約41m。また駒込から田端に向かう区間は、台地の縁の部分にあたるところを通っていて、この右側に並行する崖の部分が下町と山の手を分ける境界線の一部となっている。浜松町から田町、品川にかけては、昔は海だったところの近くを通る。先頃発見された「高輪築堤」の遺構は、たかなわちくてい
鉄道開業時に、海上に築堤を築いて線路を敷いたことを証明するもので、国史跡に指定された。遺構発見のきっかけになった「高輪ゲートウェイ」駅は、2020年3月に暫定開業したが、山手線最新の30番目にできた駅として、その命名とともに話題になった。

大正十四年二月二十三日改正	東　京・赤　羽・上　野　間（電　車）	三等車ノミ	山手線

（汽車時間表 — 山手線電車時刻表）

山手貨物線を探る

　山手線はもともと、関東北部、信越、北陸、東北と横浜港を結んで、輸出入のための貨物を運ぶために、東北本線と東海道本線を結ぶ計画で建設され、人も運んだという背景がある。時代とともに人も貨物も輸送量が増え、線路は複線化されていった。というわけで、山手線の品川—池袋—田端間には、並行するもうひとつの複線線路がある。これは通称山手貨物線といわれる路線で、貨物列車がたくさん走っていた。高度経済成長で、輸送量は増え続け、都心部に貨物列車が走る余地がなくなり、対策として昭和48年（1973）4月に、武蔵野線が開業。都心を通過する貨物列車は順次武蔵野線経由に変更されていった。現在も数往復に限って貨物列車は残っているが、日中に目にすることはほとんどない。こうしてダイヤに余裕のできた山手貨物線を利用して、旅客列車が設定されるようになっていった。

　JR移行後の昭和63年3月のダイヤ改正から、東北本線（宇都宮線）、高崎線の列車が池袋までの乗り入れを開始。両線の乗り入れ列車は大宮—赤羽間で貨物線を通り、赤羽からは上中里付近まで京浜東北線と並行し、上中里の先で中里トンネルをくぐって今度は山手線と並行し、駒込から巣鴨、大塚を横目に見ながら池袋に入線するという経路をとった。赤羽と池袋の間に途中停車駅はない。

　平成7年（1995）12月には宇都宮線・高崎線の一部の列車が池袋から新宿に延長された。そして2001年に、恵比寿—大崎間の山手貨物線を使用し、「湘南新宿ライン」として東海道・横須賀線方面と宇都宮・高崎線方面の列車の相互直通運転が開始された。これで山手線に並行する山手貨物線は、昭和61年に乗り入れを開始した埼京線と合わせて、ほぼ全線にわたって旅客列車が走るようになったのであった。

▲高輪ゲートウェイ駅（☞P20に空撮あり）

都民の足を支えた
日本一の路面電車網
都電
（と　でん）

▲都電荒川線

幸運が重なって残った荒川線

　今では都内の主要道路に路面電車が走っていたことを覚えている人も少なくなったが、かつて東京には路面電車がたくさん走っていた。都民の足として活躍していた都電であり、その唯一の生き残りが、都電荒川線だ。早稲田からJR大塚駅、JR王子駅、京成町屋駅などを経由し、三ノ輪橋に至る12.2kmの路線で、「東京さくらトラム」という愛称がつけられている。都電といえば市街地の道路を走る路面電車のイメージが強いが、荒川線は専用軌道がほとんどで、路面電車の印象はない。しかしこの専用軌道が多いことが幸いし、廃止対象から外れ、生き残ったのである。

　ひと口に荒川線といっても、もともとは32系統（早稲田—荒川車庫前）と27系統（赤羽—三ノ輪橋）を統合・再編した路線で、三ノ輪橋からの27系統のうち、王子駅—赤羽（現在の東京メトロ南北線・赤羽岩淵駅付近）間を廃止、王子駅からは32系統の早稲田方面につなげたものである。両系統とも利用者が多く、これも生き残った要因のひとつ。

　都電は最盛期には41系統、総延長213kmが運行され、利用者は1日あたり約193万人を数えたこともあり、まさに都民の足として大活躍をしていた。しかし高度経済成長期に自動車が増加し、道路が渋滞して定時運行の確保が困難となり、次第に邪魔者扱いされるようになってしまった。このような状況から東京都交通局は、昭和42年（1967）12月から順次路線を廃止し、昭和47年11月には、荒川線として残った2系統をのぞいて、都電は全廃されてしまった。

栄光の1系統

　都電は路線ごとに系統番号を付与して区分されており、1から41までの番号で1系統、2系統、……41系統、となっていた。輝かしいトップナンバー、1系統は品川駅前から上野駅前に至る約11kmの路線で、品川から三田、新橋、銀座、日本橋、須田町、万世橋、上野広小路を経由して上野に達していた。まさに東京の目抜き通りを走り抜けていく系統で、そのときそのときの新車や意欲的な車両が投入された。いまなおファンの間では人気の高いPCCカー 5500型が走っていたのも、この1系統だけであった。PCCカーとはアメリカの技術を輸入し製造した車両をもとに、日本でも製造された形式で、その開発先の頭文字からPCCカーと呼ばれた。この車両で初めてクリーム色にえんじ色の帯

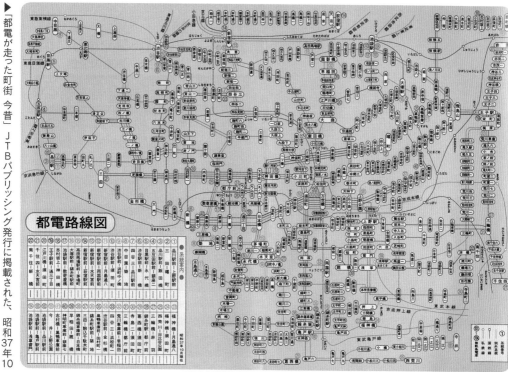

▶「都電が走った町街 今昔」JTBパブリッシング発行に掲載された、昭和37年10月現在の都電路線図。41系統ある。

都電路線図

の塗色が採用され、以後都電の全車両がこの塗色になった。

　東京のメインラインを誇っていた1系統も、目抜き通りだった銀座通りを走ることから都電廃止の第1陣となってしまい、昭和42年12月9日に廃止された。

　都電の本格的な廃止は、昭和42年12月からであるが、実はその前に廃止となっていた系統が4つほどあった。26系統（今井—東荒川）は、昭和27年5月にトロリーバス（101系統・今井—上野公園）の一部に置き換えられた。14系統（新宿駅前—鍋屋横丁—阿佐ヶ谷—荻窪駅前）は、もとは西武鉄道の路線だったのが、戦前に都電に吸収された。そのため軌間は西武鉄道と同じ1067ミリ（他の都電は1372ミリ）で、独立した線区だった。地下鉄丸ノ内線（当時荻窪線）と重複するため、

昭和38年11月に廃止された。また18系統（志村坂上—神田橋）と41系統（志村橋—巣鴨車庫前）は都営地下鉄三田線着工のため、昭和41年5月に廃止された。

　都電の廃止から50年。廃線跡などその痕跡を訪ねるのは難しいが、新宿区役所あたりの以前は角筈と呼ばれた付近に廃線跡が残る。13系統（新宿駅前—牛込柳町—飯田橋—水天宮前）の廃線跡で、木々に囲まれ独特の曲線を描く専用軌道は、現在は新宿遊歩道公園「四季の路」として整備されている。

▲都電廃線跡「四季の路」（☞P15に空撮あり）

東京を地下から支える
東京メトロの路線網
地下鉄

銀座線のトリビア

　都内に網の目のように張り巡らされている地下鉄路線。大阪の地下鉄がほぼ南北と東西に路線が延びているのと違って、東京の地下鉄は方位に関係なく路線が複雑に絡み合っている。乗換駅も多く、いっそうわかりにくいと言われている。その中で渋谷と浅草を結ぶ東京メトロ銀座線は歴史が古いだけに、いろいろなエピソードが詰まっている。

　銀座線は昭和2年（1927）に、まず浅草―上野間2.2kmが東京地下鉄道の手によって開通。これが日本の地下鉄の幕明けだった。その後小刻みに延伸し、昭和9年（1934）に新橋にまで到達。一方別会社の東京高速

▲東京メトロの上野車庫（☞P19に空撮あり）の踏切。地下鉄の車両はどこから入れるかで話題になった

鉄道によって、渋谷―新橋間が昭和14年（1939）までに開通し、両社は同年浅草―渋谷間で相互直通運転を開始した。戦時下による統合で昭和16年（1941）に帝都高速度交通営団（現東京メトロ）となり、渋谷―浅草間は銀座線となった。両社の接点となった新橋駅には、2社それぞれ別のホームがあったが、統合により東京地下鉄道のホームに統一された。廃止となった東京高速鉄道の新橋駅は、資材置き場・会議室などとして使用され、幻の新橋駅として、見学会などで公開されることもある。

　幻の駅をもうひとつ。末広町と神田の間にあった万世橋駅である。上野方面から進んできた東京地下鉄道は、神田川の下をくぐる区間が難工事で、工期が長くなりそうだったので、神田川の手前に仮の終着駅として万世橋駅を設置した。後に神田まで開通すると万世橋駅は撤去されたため昭和5年（1930）1月から翌年11月までの短い設置駅であった。

　ところで、地下鉄が地上を走るのはご存知だろうか。銀座線の車庫は渋谷と上野にあるが、このうち上野の車庫は本線とは離れたところにあり、上野駅の地下線から専用の回送線をたどって地上の車庫に向かう。地下から地上に顔を出したところになんと踏切があっ

て、そこを通って車庫に入る。地下鉄に踏切があるのもおかしな感じだが、車庫に出入りする際には踏切が閉まり、銀座線の車両が目の前を静々と通過していくのである。特に銀座線は第3軌条といって給電用のレールがあり、車輪（台車）の横にある集電装置から電気を取り入れているので踏切があると危険なため、ここでは第3軌条の踏切部分をカットして、惰性で通過する。

この第3軌条からの集電方式は、銀座線と丸ノ内線のみに見られる方式で、屋根上にパンタグラフがないのでトンネル断面が小さくできるので、建設が比較的容易で費用も安く抑えられた。ただ集電方式の違いで他の私鉄などとの相互直通運転ができないので、第3軌条方式は上記2線だけとなっている。

未来へ可能性を秘めた南北線

目黒と赤羽岩淵を結ぶ東京メトロ南北線は平成12年（2000）9月に全通した、東京メトロの中では新しい路線である。後発路線のため、新宿、銀座、赤坂などの繁華街は経由せず、もっぱら通勤輸送に専念している感がある。全列車6両編成と短く、ワンマン運転。輸送量もメトロ各線の中では最下位である。この東京メトロの中のローカル線ともいうべき南北線、実は未来に向けて大きく発展する可能性を秘めた魅力ある路線なのである。

現在、赤羽岩淵側は埼玉高速鉄道と相互乗り入れを行っている。今は浦和美園までの直通であるが、この埼玉高速鉄道は将来、岩槻さらには蓮田までの延長が検討されており、実現すれば、直通距離が飛躍的に増大する。

一方目黒側は現在、東急目黒線と相互乗り入れを行っており、日吉まで直通運転を行っ

ている。この東急目黒線も、2022年度末開通を目処に、日吉から新横浜まで開業する東急新横浜線に直通することが予定されている。さらに同線は新横浜で相鉄新横浜線と接続・相互乗り入れも予定されている。新横浜から西谷、さらに相鉄線内を海老名または湘南台まで直通しているので、将来的には蓮田―岩槻―浦和美園―赤羽岩淵―目黒―日吉―新横浜―羽沢横浜国大―西谷―海老名・湘南台、という壮大な規模の路線が1本のレールでつながることになる。また現在、羽沢横浜国大からはJR新宿経由川越方面・JR埼京線との相互直通運転も行われている。

これに加えて、白金高輪駅から品川駅までの新線計画もあり、すべて実現すれば東京の路線体系が大きく塗り変わる可能性がある。その基軸となるのが東京メトロ南北線なのだ。

南北線延伸予定図

蓮田

岩槻

浦和美園

高埼玉速鉄道

赤羽岩淵

南北線東京メトロ

白金高輪

目黒

目東黒急線

日吉

新横浜

西谷

二俣川

海老名

湘南台

東京にもある？東京基準の秘境駅

▲JR青梅線鳩ノ巣駅

イメージとしての秘境駅

昨今、秘境駅訪問ブームが鉄道ファンを中心に広がっている。秘境駅とは鉄道でしか行くことができない、道がついていても自動車等ではアプローチが困難な場所に立地する駅のこと。また駅自体も停車する列車が少なくて、駅前には何もない、というような要素を備えている。

しかし、東京でこうした秘境駅を探すのは難しく、これらの条件がそろっている駅は皆無のようだ。そこで、生活している人にとっては日常使いの最寄り駅でも、乗降人員が少なく静かで、そのぶんローカルなムードが漂い、都会の中のオアシス的な存在の秘境駅的なイメージをもつ駅を探してみたい。

東京の秘境駅というと、真っ先に思い浮かぶのがJR青梅線沿線の駅。しかも青梅駅よりも先の青梅—奥多摩駅間。この区間は、駅を降りてキャンプやハイキングなどのアクティビティに親しんでもらいたいと2018年9月に「東京アドベンチャーライン」という愛称がつけられた。この「東京アドベンチャーライン」には、乗降客数からみた秘境駅が点在している。無人駅のため非公表（データなし）となっている駅が多いが、1日あたりの乗車人員は、奥多摩駅で699人、また別の推計データによると、最少の白丸駅で200人前後、鳩ノ巣駅で400人前後となっている。青梅・奥多摩駅以外は無人駅ばかりで、民家も道路もあるが、秘境駅に近いムードがある。

東京23区内でもっとも乗車人員が少ない

▲JR青梅線白丸駅

▲JR京葉線越中島駅

のは、京葉線の越中島駅で1日あたり4126人。青梅線沿線に比べれば文字通りケタが違うが、閑散とした雰囲気が漂っている。越中島駅周辺には東京海洋大学があり、隅田川や運河に囲まれていて、近くに商店もあるものの、東京メトロ東西線・門前仲町駅の方が商店も多く便利で賑わっている。京葉線はターミナルの東京駅のホームが地下深く、新幹線をはじめ他線から遠い場所にあり、越中島周辺に行くには東西線の方が利用しやすい。

いろいろなタイプの秘境駅

　JRの複数の駅と東京メトロの駅が近くにあって、これらを合わせても乗車人員・乗降人員が少ないのが、JR上中里、尾久、東京メトロ・南北線の西ケ原駅の一帯。2020年度の乗車人員で上中里駅は1日あたり5888人、尾久駅が8379人、東京メトロ・西ケ原駅の乗降人員が6653人。上中里駅は東京23区内の駅では越中島駅に続いてワースト2で、尾久駅はワースト3。さらに東京メトロ・南北線の西ケ原駅は2020年度の乗降人員で東京メトロ130駅のうち最下位であった。

　これらの駅は、いずれもお互いに近い距離にあって、それぞれが乗客を分け合っているようにみえる。しかも周辺には広大なJR東日本の尾久車両センターがあり、居住範囲が狭くなっている。どの駅も通勤時間帯はまだしも、日中は乗り降りする人もまばらで、閑散としたムードが漂っている。商店なども多くはない。ただ尾久駅は、上野東京ラインの開通で東京都心や品川方面への利便性が高くなったことで、徐々に乗客が増加しているようだ。

　意外な秘境駅が小田急線の南新宿駅。

2020年度の乗降人員で小田急線全70駅の中で最下位の3153人。南新宿駅は、巨大ターミナル・新宿駅の隣にあって、しかも両駅間は0.8キロ。普通列車しか停まらない南新宿駅を利用するより、新宿まで出て、列車を利用する方がはるかに便利なのでこのような結果になっている。駅周辺に商店はほとんどなく、駅を含めた付近一帯が新宿に同化してしまっているようにみえる。

　小田急線の駅別乗降人員で、南新宿の次に人数が少ないのが、小田原駅の隣にある足柄駅の3408人で69位。小田急線の乗降人員の少ない駅1位は東京、2位は神奈川にあって、どちらもターミナル駅の隣駅であるところが面白い。

秘境駅エリア

▲JR東北本線尾久駅

東京にも ローカル線が？ 路線ごとの特徴を紹介

都内のローカル線を探る

　東京にローカル線がある、というと違和感があるかもしれない。もちろん1日に数本しか列車の運行がない典型的なローカル線は東京にはないが、幹線系に比べてローカルな雰囲気にあふれている支線や、単線で運行されている路線は都内にも存在する。その中からいくつかの路線を紹介しよう。

●JR八高線

　八王子から拝島、高麗川を通って倉賀野・高崎に至る八高線は、全線が単線区間のため行き違いなどで、待たされることもあり、のんびりしたローカル線のムードが味わえる。八王子から箱根ヶ崎までが東京都内。都内唯一の地方交通線（運賃計算上の分類、幹線に対して）だ。八王子から高麗川までは電化さ

れていて、電車は走っているが田園風景が多くみられ、狭山茶の茶畑も広がっている。大半の列車が高麗川から川越線に直通し川越とを結ぶ。この区間が電化されたのは平成8年（1996）3月と比較的新しく、列車の本数は日中30分に1本が基本。

　高麗川以北は非電化区間で、さらにのどかな風景の中を気動車が活躍している。山が近くなり、山間の趣に浸れるところもある。運転本数は格段に少なくなる。この区間は埼玉県内唯一の非電化区間で、全線を走る列車が1日に14往復、途中駅発着の区間列車が1日に12.5往復設定されている。

私鉄にもあるローカル線

●東急池上線・東急多摩川線

　五反田と蒲田を結ぶ東急池上線。多摩川と蒲田を結ぶ東急多摩川線。どちらも他線直通

▲八高線　209系　3000番台（2016年撮影）

▲東急多摩川線　7000系

乗り入れはなく、線内折り返しが基本。東京では短い部類に入る3両編成の電車が行ったり来たりしている。日中は7～8分間隔でのんびり走っていて、車内もちょっと買い物でとか、ちょっと用事でといった乗客が多く、普段使いの雰囲気でローカルムードが漂う。

池上線は昔、フォークソングに歌われて、知名度があがったことがある。多摩川線は、もとは目黒と蒲田を結んでいた目蒲線の一部だった。目蒲線が分割され、多摩川—蒲田間が多摩川線になった。終点蒲田のひとつ手前・矢口渡から蒲田、京急蒲田、羽田空港方面に至る地下新線、通称「蒲蒲線」計画があり、将来大化けする可能性もある。

●西武多摩川線

JR中央線の武蔵境と是政を結ぶ。ほかの西武線からは独立している。そのため小手指など西武線内の基地で車両の検査や修繕が行われる際には、中央線～JR武蔵野線～新秋津～所沢という経路を使って回送される。全線単線で、すれ違いのための待ち合わせもある。途中の白糸台付近で京王線と交差するが、連絡駅は設置されていない。終点の是政はホームが1面で、駅は多摩川の近くにある。東京競馬場も近い。4両編成の電車が12分間隔で走り、ワンマン運転。2021年9月30日

まで一部に自転車を積むことができる「サイクルトレイン」の実証実験（その後本格導入）が行われた。

●東武亀戸線・大師線

東武亀戸線は曳舟駅とJR亀戸駅とを結ぶ。私鉄の雄・東武にもかかわらず、2両編成のワンマン運転の電車が10分ほどの間隔で行き交い、ローカル線の雰囲気にあふれている。なお曳舟駅構内を除いては全線複線区間になっている。本線（伊勢崎線）からの直通運転が計画されたこともあるが、独立した路線のまま。亀戸駅は島式ホーム1面で、行き止まり式。こぢんまりしたその規模が、JR総武線の駅施設と対照的で面白い。

大師線は西新井—大師前の1駅区間。大師前は無人駅なので、西新井の乗り換え通路に専用の改札口があって運賃はここで収受する。終日2両編成の電車が行ったり来たりしている。大師前から先に延伸する計画が持ち上がったこともあったが、現状のまま推移している。初詣などの際には沿線の西新井大師への参詣客で大賑わいとなるが、普段は空席の目立つ電車がのんびりと1kmちょうどの道のりを往復している。

▲西武多摩川線　101系

▲東武大師線　大師前駅を発車する8000系

東京の廃線跡
身近にあった廃線を
探見する

▲下河原線広場公園

東京にも廃線跡が存在

かつて廃線跡を訪ねるのが新しい鉄道趣味のジャンルとしてブームとなり、鉄道ファンに限らず築堤や橋脚、草むらの道を歩く人も多かった。今ももちろん廃線跡探訪人気は衰えていない。探訪先の多くは地方のローカル線などの交通不便なところだが、都市部にも廃線跡は存在する。痕跡は少なく、あるいはほとんどないものが多いが、意外にも東京都内にも廃線となった路線が存在する。

●下河原線(東京競馬場線)

かつて中央線の国分寺駅から東京競馬場前駅まで、中央線の支線が存在していた。通称・下河原線は、昭和48年(1973)4月に武蔵野線が開通すると、路線が重複するためにまず旅客営業が廃止され、昭和51年に貨物営業も廃止された。

支線は国分寺を出るとしばらく中央線と並行し、西国分寺駅手前で左に折れ、武蔵野線の線路に合流。中央線との並行部分には、少し前までは線路が一部残っていた。北府中駅からは現武蔵野線と分かれ南下し、さらに東に向きを変えて、東京競馬場前駅跡にたどり着く。下河原緑道という遊歩道になっていて、途中にかつて下河原線があったことを示す看板があったり、一部にレールが埋め込まれたりしているが、東京競馬場前駅跡はちょっとした空き地になっているだけで、特に何も残っていない。競馬場はさらに南武線を越えた先。遊歩道の途中、多摩川の川原の方に向かう貨物線跡も遊歩道として分岐している。廃線後、中央線から東京競馬場に向かう観客は、西国分寺経由府中本町駅利用に改められ、府中本町駅から雨に濡れずに東京競馬場に至る専用通路が新設された。

▲下河原線廃線跡の
下河原線広場公園

▲武蔵野競技場線廃線跡

●武蔵野競技場線

中央線から分岐していた支線の廃線跡をもうひとつ。三鷹駅から武蔵野競技場前駅に至る、通称・武蔵野競技場線があった。途中に駅はない。武蔵野市にあった武蔵野グリーンパーク野球場（武蔵野競技場）で、プロ野球・国鉄スワローズ（現ヤクルトスワローズ）の試合が行われる日だけ列車が運転された路線で、昭和26年4月に開業した。東京駅からの直通電車も運転されたが、都心から遠すぎるということで1シーズンのみで野球の試合は行われなくなり、翌年から競技場線は休止になり、昭和34年11月に廃線となった。全線3.2km、単線。廃線跡はその存続で今話題になっている三鷹電車区をまたぐ跨線橋のあたりから北へ分岐し、堀合公園から先、遊歩道となっている。しかし痕跡はあまり残っておらず、競技場跡は武蔵野中央公園になっており、駅跡は住宅地になっている。

貨物専用線にも廃線跡が

●北王子貨物線

田端信号場（操車場）から王子駅の京浜東北線脇を通り、新幹線の高架下を通りながら北東へ分岐し、北王子駅に至る4.0kmの線路があった。北王子貨物線と言われ、もとは王子製紙（現日本製紙）の貨物専用線で、1日

に4往復の貨物列車（コンテナ列車）が運転され、DE10型ディーゼル機関車が牽引していた。トラック輸送に切り替えのため、貨物列車は2014年3月に運行終了し、同7月正式に廃止された。王子駅のすぐ東側に線路が敷かれているので、電車待ちの間に貨物列車を見かけた人も多いかと思う。京浜東北線との並行部分にはまだ線路も残っているが、分岐した後、北王子駅までの線路はすでに各所で撤去されている。上を走る東北新幹線のコンクリートの橋脚には、ディーゼル機関車の排煙で黒く変色した部分が見てとれる。

●東京港周辺の臨港貨物線

総武線亀戸駅から南へ分岐し、JR東日本のレール基地のある小名木川貨物駅の先、越中島貨物駅からは、晴海方面、豊洲方面に貨物線が延びていた。工業の発展とともに臨海工業地帯は活気づき、これらの貨物線も輸送量が増大した。しかしトラック輸送への切り換えや工場自体の移転などで輸送量は減少し、昭和60年～昭和61年にかけて豊洲方面の路線が廃止になり、平成元年（1989）2月には晴海方面への路線も廃止された。港湾部のため工場私有地も多く廃線跡探訪は難しいが、晴海線の晴海橋（道路橋の春海橋に並行した橋）は現存しており、保存の方向で協議が進んでいる。

▲北王子貨物線廃線跡

▲草むした臨港貨物線跡（晴海橋）

地名から歴史が見えてくる

赤坂、**赤羽**、**赤堤**、**赤塚**など、東京に「赤」が付く地名が多いのは、関東ローム層の赤土に起因するといわれている。地名には江戸時代に付けられたものが多く、八町（約872m）の舟入堀が造られたから**八丁堀**、甲州街道に設けられた新しい宿場だったから**新宿**、貯木場があったから**木場**、米蔵が並んでいたから**蔵前**などわかりやすい命名がある一方、歴史を知らないと類推しきれない地名も多い。

江戸時代にさかのぼると、徳川家直参の役職、御徒衆の組屋敷があった場所は**御徒町**となった。同様に伊賀衆の御鉄砲百人同心が居住していた地は**百人町**に。ひっかけ問題のようだが、**箪笥町**は、家具の箪笥が由来ではない。江戸時代、幕府の武器をつかさどる具足奉行や弓矢鑓奉行などが拝領した屋敷があり、幕府の武器を総称して「箪笥」といったことから、「箪笥町」の名が付いたといわれる。**馬喰町**は、関ヶ原の戦いの際に馬揃えをしたとされる馬場があったうえに、牛馬の売買を行う仲介業者の博労が管理していた土地ということから、博労と同じ読みの馬喰町になったといわれている。

魚籃寺があったから**魚籃坂**、飛鳥明神が祀られていたから**飛鳥山**など、ゆかりの寺社に由来するものもわかりやすい部類。一方、人名由来のものには、信濃守の永井尚政の下屋敷があった場所が**信濃町**となり、徳川家康に仕えたオランダ人ヤン・ヨーステン（ヤンヤウス）の屋敷があったことから、ヤウスが**八重洲**になったというものもある。

村の鎮守社が氷川神社であったため、氷川神社の祭神である素戔嗚尊が奇稲田姫に詠んだといわれる「八雲立つ 出雲八重垣 妻籠みに～」にちなんで命名されたのは、目黒区の**八雲**。祝婚の歌ともいわれるなんともありがたい地名だ。

由来が不明の地名も多いが、思わぬ歴史的発見がある場合も多く、地元の地名を探ってみるのも楽しそうだ。

世田谷区赤堤に駅はないが、下高井戸駅と松原駅間を走る東急世田谷線が隣接する松原との境を通る

社会のコラム

東京の地名
いろいろ

目黒区八雲にある常圓寺は、創建430年の歴史と樹齢300年ともいわれる大イチョウの木が有名

まだある地名の由来

由来の理由もさまざまだ。江戸時代に端を発するものが多いが、恵比寿のように明治時代にできたものもある。

● 人由来
● 土地の特色由来
● 出来事由来

● 摂津国（大阪）佃村から移住した漁師が砂州を埋め立て漁業基地にした ⟶ **佃島**
● 摂津国の深川八郎右衛門が開発した土地 ⟶ **深川**
● 天正19年（1591）に徳川幕府の重臣青山忠成が拝領した地 ⟶ **青山**
● 石神井川にかかる木製の橋があった ⟶ **板橋**
● 寺の境内から湧く水がおいしく、将軍のお茶に使われた ⟶ **お茶の水**
● 江戸城の堀で囲まれた内側という意味 ⟶ **丸の内**
● 高台の縄手道（あぜ道）を意味する高縄手が転じて ⟶ **高輪**
● 江戸時代初期、鷹狩用の鷹を飼育・訓練する鷹匠の屋敷があった ⟶ **隼町**
● 魚を取るために海中に立てる竹の「ひび」があった入り江だった ⟶ **日比谷**
● ヱビスビールを製造するビール工場があった ⟶ **恵比寿**

美術　音楽　家庭科

違いに驚き！ 比べてみた 江戸時代の錦絵と 現在の東京

2代広重と3代豊国作
『日吉山王祭り子』に見る赤坂山王神社の鳥居▲

錦絵が伝える 江戸の町人文化

　江戸時代、葛飾北斎をはじめ多くの浮世絵師が江戸の町や人々の生活ぶりを描いた。現代まで引き継がれてきた文化もあれば、地形が変わったことで、今は亡きシーンとなったものも数多い。

　そもそも江戸時代初期に菱川師宣（ひしかわもろのぶ）（1618？〜1694）に端を発した浮世絵は、美人画、役者絵と発展し、風景画にたどり着く。先鞭をつけたのは葛飾北斎（1760〜1849年）。北斎は本所割下水＊の出身だが、「葛飾」と名乗っ

たのは、その地域が、武蔵国葛飾郡であったためといわれる。北斎は、両国橋など当時の墨田の景色を数多く描いた。続いて一世を風靡したのが歌川広重（1797〜1858）だった。文化6年（1809）に八代洲河岸（やよすがし）（現在の八重洲あたり）の定火消同心だった父の跡を継いだが、その後浮世絵師に。はじめは美人画や役者絵などを手掛けたが、あまりふるわず、天保年間（てんぽう）（1830〜1844）に風景画を手掛けると、当時の旅行ブームに乗り、『東海道五拾三次』は、江戸庶民の旅のバイブルになるほどヒットした。広重と同年に日本橋で生まれた歌川国芳（よし）（1798〜1861）は、役者絵で一世を風靡

江戸城

富嶽三十六景
江戸日本橋

葛飾北斎作。江戸の中心、日本橋は東海道の起点であり、魚河岸としても栄えていた。奥に江戸城、遠くに富士山が見える。現在の日本橋の上には高速道路がかかり、かつて両岸にあった倉庫街はビル街に

＊本所割下水は、現在の墨田区亀沢付近のこと

した歌川豊国（とよくに）（1769〜1825）の目に留まり、デッサン力や豊かな画想を磨いていく。錦絵に描かれた場所は、今どのような姿になっているのだろう。見比べてみるのも一興だ。

湯島天神（ゆしまてんじん）の本殿

雷門（かみなりもん）

江都名所 湯しま天満宮

歌川広重作。学問の神様として知られる菅原道真（すがわらみちざね）を祀る湯島天神は、江戸時代、目黒不動、谷中の感応寺とともに幕府公認の富くじを売る「江戸の三富」として人気を博した。高台にある本殿までの石段が、今も往時を彷彿とさせる

浅草観音 雷神門

葛飾北斎作。今も昔も、浅草浅草寺は江戸東京名所のひとつ。風神雷神門（雷門）は、寛永（かんえい）19年（1642）に焼失後、徳川三代将軍家光の発願で慶安（けいあん）2年（1649）に再建された。奥に見える本殿や街の賑わいは今と変わらない

日比谷門

連なる茶屋

江戸勝景 日比谷外之図

歌川広重作。日比谷外之図とは、現在の有楽町1丁目と日比谷公園の間にあった日比谷門周辺を描いたもののこと。右側は長州藩毛利家上屋敷、左側は辻番所。奥に日比谷門が見える。日比谷門は現在、日比谷公園（現在の写真の左手の緑地帯）内にある

東海道五拾三次 品川・日之出

歌川広重作。東海道の最初の宿場だった品川は、西へ旅立つ者と送る者が別れを惜しんだ場所。当時の東海道（現旧東海道）は海沿いにあり、何軒もの茶屋が軒を連ねていた。現在は、品川区にある北品川商店街にその面影を見ることができる

東京に西洋の建築美を開花させたジョサイア・コンドルの足跡

お雇い外国人、コンドルの功績

明治政府の欧化政策の一環として、外務卿 * に就任した井上馨の発案で、鹿鳴館の建設が決まった。設計を委ねられたのは、イギリス人建築家ジョサイア・コンドル。政府要人や外国公使らの社交場や迎賓館として、客室や食堂のほか、舞踏室やビリヤード室などを備えたルネサンス風の2階建ての洋館は、着工から2年後の明治16年（1883）に完成。落成の宴には1200人が招かれた。西洋建築ラッシュの幕開けである。

幕末の開港以後、西欧の近代技術を習得するため、さまざまな分野で多くの外国人技術者が招聘されたなかに、コンドルもいた。1877年に工部大学校造家学科（現東京大学建築科）の教官として来日。日本人の妻をめとり、日本に永住した彼が、67歳で没するまでに残した功績は計り知れない。

ロンドン大学やサウスケンジントン美術学校を経たコンドルは、著名な建築家の事務所勤務中に英国王立建築家協会の賞を受賞。ロンドン仕込みの正統派の技術をもって、開国直後の日本にヨーロッパの古典主義を伝えた。日本各地に残る威風堂々とした西洋建築にその神髄を見ることができる。

教育者としての実績も大きく、教え子には、中央停車場（東京駅）や日本銀行本館を設計した辰野金吾、赤坂の迎賓館の設計者片山東熊、慶應義塾大学図書館や、世界遺産・長崎造船所の迎賓館「占勝閣」の設計に携わった曾禰達蔵がいる。コンドルが"日本近代建築の父"といわれるゆえんであり、大正11年（1922）に東大工学部前広場に建てられたコンドルの銅像が、その真価を今に伝えている。

現在も都内に燦然と輝く洋館と庭園

工部大学校の教官の座を教え子の辰野に譲った後、社会基盤整備や殖産興業を推進する明治政府の中央官庁である工部省に籍を移すが、明治21年（1888）に退官して設計事務所を開設。三菱財閥の顧問に就任後、三菱や創業者岩崎家関連の建築物を数多く手がけた。1894年、原っぱだった丸の内に三菱一号館を築き、一丁倫敦（☞P86）と呼ばれるオフィス街を建設した2年後には、三菱財閥3代目岩崎久弥茅町本邸と庭園を設計。1910年に岩崎家の墓廟として建てた玉川廟は、ラテン十字形の平面をもつ純洋式の納骨堂だ。同様にビザンチン様式のドームをもつニコライ堂もコンドルの手による。

鹿鳴館

一世を風靡したが、井上馨の失脚後に役割を終え、宮内省管理を経た後、転々と売却され昭和15年（1940）に解体された（国立国会図書館所蔵）

三菱一号館美術館

三菱一号館として1894年に竣工。以後、二号館、三号館と続き、一帯は一丁倫敦と呼ばれるロンドン風のオフィス街となった

岩崎家玉川廟

三菱財閥2代目岩崎彌之助が死去した際、嫡男小彌太によって、岩崎家の納骨堂として建てられた。国の重要文化財

旧古河庭園

古河財閥3代目当主、古河虎之助の依頼で、本館と庭園を設計。洋風庭園に続く池泉回遊式の日本庭園は京都の庭師、小川治兵衛の作庭

ニコライ堂

正式名称は日本ハリストス正教会東京復活大聖堂。関東大震災で被災した後に改修されているため、鐘楼とドームの形が創建時の姿とは異なる

旧岩崎邸庭園

旧岩崎邸は三菱財閥3代目岩崎久弥の本邸として建造。洋館、和館、撞球室（ビリヤード室）からなり、和館以外をコンドルが設計

旧島津公爵邸

品川区の清泉女子大学内にある。大正時代に島津忠重公の邸宅として建造。イタリア・ルネサンス様式で、ステンドグラスなども創建時のまま

清泉女子大学内の旧島津公爵邸や港区の綱町にある三井倶楽部は大正時代の作品。

　日本に70近い作品を残したコンドルは、日本舞踊の師匠でもあった愛妻くめが亡くなった11日後に後を追うように他界。二人は音羽の護国寺に眠っている。

コンドル作の建築物MAP

旧古河庭園
旧岩崎邸庭園
駒込駅
池袋駅
JR山手線
上野駅
JR中央線
ニコライ堂
秋葉原駅
新宿駅
東京駅
岩崎玉川廟
鹿鳴館があった場所
渋谷駅
三菱一号館美術館
用賀駅
品川駅
東急田園都市線
旧島津公爵邸

0　2km

デパートが重要文化財！
お江戸日本橋が誇る
西洋文化の香り

髙島屋のクラシックなエレベーター▲

髙島屋東京店がデパート初の重要文化財に

　江戸時代、東海道五十三次の出発点として栄えた日本橋には国指定の重要文化財が多い。その中で、2009年にデパートとして日本初の重要文化財に指定されたのが髙島屋東京店（現髙島屋日本橋店）だ。

　指定対象の建物は、昭和8年(1933)に竣工した建築家・髙橋貞太郎による中央通りに面した部分と、昭和27年に、建築家・村野藤吾＊により増築された奥側3分の2にあたる建物全体。

日本銀行本店本館。明治29年（1896）建造。名建築家辰野金吾の代表作で、現存する明治洋風建築の中で最重要とされる。ネオバロック様式とルネサンス的意匠の調和が見事

　髙橋貞太郎は大正から戦前戦後に活躍した建築家で、現在の帝国ホテル本館や神田錦町

▲左）髙島屋日本橋店は、2つの時代の2人の建築家による異なる個性が見事に調和している点でも高く評価された
▲右）髙島屋日本橋店の1階から2階への吹き抜けの大階段。館内に3カ所ある階段はいずれも村野藤吾による

日本橋界隈の重要文化財

高島屋東京店

日本橋三越本店

三井本館。昭和4年建造。コリント式の列柱やインテリアの意匠、アメリカンタイプのオフィスビルとしての歴史的価値が評価された

日本橋。明治44年(1911)建造の石造二連アーチ橋。青銅製の照明灯を含み重要文化財に指定

　＊建築家・村野藤吾は、今はなき大阪の新歌舞伎座の設計も担った

の学士会館を手掛けた。ルネサンス風建築様式に和風建築の意匠も取り入れた堂々とした正面が印象的だ。一方、赤坂離宮を迎賓館に改修した際の設計ほか、昭和の名建築を牽引してきたのが村野藤吾。

壁や柱に使われたイタリア産大理石が重厚感を漂わせ、創建当初からあるエレベーターは、クラシックな蛇腹扉で、係員が手動で開けるスタイルは変わらない。"階段の魔術師"といわれた村野による階段は、和服でも裾が乱れないようにとの配慮から、段差を低く、幅は広くとられている。日本の百貨店建築を代表する建築物として評価され、重要文化財に指定された。

日本橋三越本店に見る"美"

2016年、デパートとして2件目の重要文化財に指定されたのが日本橋三越本店だ。関東大震災で被災した大正期の建物の鉄骨を活かし、昭和2年（1927）に地上7階、地下1階建てのビルとして再生し、その後も増築・改修を重ねて昭和10年に完成にいたった。完成当時は、国会議事堂と丸ビルに次ぐ大建築だったという。中央に位置する5階まで吹き抜けの中央ホールは、ステンドグラスの装飾が施された天井の下にフランス産やイタリア産大理石が張り詰められ、圧巻の美しさ。さらに高い評価を得たのが、昭和2年開設の三越劇場だ。客席から額縁のように見える舞台、ステンドグラスをはめ込んだ天井、大理石と石こう彫刻で装飾された周壁などに、

◀日本橋三越本店。西洋古典様式に則った建築で、日本の百貨店建築を象徴するとして重文に指定された

関東大震災の被災から再生するにあたり、「建物だけでなく、文化的な復興を」と願った三越の思いが反映されている。

佐藤玄々[*]による「天女（まごころ）像」は、5階まで届く壮大な作品で、完成まで10年の歳月を費やした本店の象徴。正面玄関のライオン像は、ロンドンのトラファルガー広場にある4頭の獅子像をモデルに、英国で造られた。大理石内にはめ込まれたアンモナイトの化石や昭和5年に購入した米国製のパイプオルガンなど、装飾の一つ一つに歴史と往時の最高峰の職人技がちりばめられている。

▲歌川広重作『東都名所　駿河町之図』国立国会図書館所蔵。当時、現・日本橋室町1〜2丁目から富士山の眺望がよかったことから駿河町と呼ばれていた。右の店が三越の前身、三井越後屋

地上33mの屋上で4年過ごした子ゾウの高子ちゃん―髙島屋物語―

昭和25年、平和の象徴の子ゾウがタイからやってきた。戦時中に動物園で飼われていた多くのゾウが飢えで死に、ゾウを見たいという子供たちの期待に応え、髙島屋の社員が実現にこぎつけたのだ。銀座通りをトラックでパレードした子ゾウは、クレーンで屋上に吊り上げられた。高子と名付けられた子ゾウの人気は圧倒的で、初日だけで17万人の見物客が集まったという。4年間、屋上で暮らしたが、当初30kgの体重が1.5tになったため、上野動物園に移動することに。もはやクレーンは使えず、高子は村野藤吾設計の中央階段を悠々と降りていったという。

江戸時代から守り継がれた匠の技ここにあり！世界に誇る東京の伝統工芸

▶大伝馬町発祥の江戸切子の工場は、江東区と墨田区に集中

東京都の41品目に注目

主に江戸時代に江戸での制作が本格化し、地域に根付いて地場産業を活性化させた工芸品は数多い。その後も東京の風土や歴史の中で育まれ、令和の今も受け継がれているそれらは「東京の伝統工芸品」として支持を得ている。どれも匠たちが受け継いできた技がいかんなく発揮され、優れた機能性と手作りの素朴な味わいに満ちたものばかり。大量生産される画一的な商品とはひと味もふた味も異なる。

幕府や宮中でのみ使用されてきたものが、江戸時代中期に人口100万人に達した江戸では、一般市民にも浸透し、制作された工芸品の数はうなぎのぼりに。昭和57年（1982）、東京都では、「東京都伝統工芸品産業振興協議会」の意見をもとに、知事が東京都伝統

工芸品を指定するに至った。指定された伝統工芸はなんと41品目。そのうち18*品目は、国の「経済産業大臣指定伝統的工芸品」にも指定されている。指定の4条件は、「製造工程の主要部分が手工業的であること」「伝統的な技術または技法により製造されるものであること」「伝統的に使用されてきた原材料により製造されるものであること」「都内において一定の数の者がその製造を行っていること」だ。

風土と歴史が生んだ伝統工芸品の数々

東京の風土が生んだ工芸品では、かつては「鳥も通わぬ島」といわれた絶海の孤島、八丈島の豊かで厳しい自然の中でこそ発展した、草木染の絹織物「本場黄八丈」がある。主体となる黄・樺（赤味を帯びた黄色）・黒の三色が

◀押絵の技術の進歩により発展した「江戸押絵羽子板」。年の瀬にはこの売れ行きが役者の人気のバロメーターとなった

◀インド発祥の更紗が日本に伝わったのは室町時代。「江戸更紗」は江戸中期から末期にかけ神田川流域で作られたのが始まり

◀上は「本場黄八丈」の機織りの様子。今でも手織りで作られる布は、黄色と樺色、黒の3色が鮮やかだ。下は八丈島に自生する樺色の染料の元になるタブノキ

八丈島で自生、栽培する草木が原料の天然染料。これらを用いて染めた絹糸を織り上げる。島の風土なくしては生まれない工芸品だ。

　神田川など川沿いで発展した「江戸更紗」は、東京の水が硬水で、水に含まれる鉄分が染め上げの際に化学反応を起こし、渋い色合いを生んだ。独特の「侘」と「寂」の風合いを持つ。

　歴史との関わりも深い。「東京染小紋」は江戸時代に生まれ、明治に入ると女性の着物の"華"として需要が高まった。「東京打刃物」は、江戸開府の際、各地から刀鍛冶を本業とする職人や商人が江戸に移り住んで発展。泰平の世が続くと、刀鍛冶の技術は包丁や刃物など日常の道具に生かされることになった。「江戸指物」は、京指物が朝廷や公家、茶道用が主体だったのに対し、将軍家や大名家、江戸歌舞伎役者用の棚類や鏡台等に多く使用された。室町時代には板に絵を描く「描絵羽子板」が主流だったが、17世紀以降、女児の誕生祝いに羽子板を贈る習慣が始まり、綿を布でくるんで立体的な絵柄を施す押絵の技法が発達すると、「江戸押絵羽子板」が誕生。歌舞伎人気の高まりもあり、両者を合わせた「役者羽子板」が大ヒットした。東京の伝統工芸品存続のため、その良さを見直してみたい。

◀江戸時代に刀剣から出刃包丁など日常の道具に代わり、明治9年(1876)の廃刀令公布や文明開化後は、その技術は洋風刃物の製作にも生かされた

東京の伝統工芸品全41品目

現在指定されている東京の伝統工芸品は次の41品目。指定年に国とあるのは、国の伝統工芸品に指定された年を表す

伝統工芸品	主な製造地	指定年
村山大島紬	武蔵村山市、瑞穂町、昭島市	昭和57年、昭和50年国
東京染小紋	新宿区、世田谷区、練馬区ほか	昭和57年、昭和51年国
本場黄八丈	八丈島	昭和57年、昭和52年国
江戸木目込人形	台東区、墨田区、荒川区ほか	昭和57年、昭和53年国
東京銀器	台東区、荒川区、文京区ほか	昭和57年、昭和54年国
東京手描友禅	新宿区、練馬区、中野区ほか	昭和57年、昭和55年国
多摩織	八王子市	昭和57年、昭和55年国
東京くみひも	台東区、杉並区、北区ほか	昭和57年
江戸漆器	台東区、中央区、足立区ほか	昭和57年
江戸鼈甲	文京区、台東区、墨田区ほか	昭和57年、平成27年国
江戸刷毛	台東区、墨田区、新宿区ほか	昭和57年
東京仏壇	台東区、荒川区、足立区ほか	昭和57年
江戸つまみ簪	台東区、荒川区、墨田区ほか	昭和57年
東京額縁	台東区、豊島区、荒川区ほか	昭和57年
江戸象牙	台東区、文京区、墨田区ほか	昭和58年
江戸指物	台東区、荒川区、江東区ほか	昭和58年、平成9年国
江戸簾	台東区、港区	昭和58年
江戸更紗	新宿区、豊島区、荒川区ほか	昭和58年
東京本染ゆかた・てぬぐい	江戸川区、足立区、葛飾区ほか	昭和58年
江戸和竿	台東区、葛飾区、荒川区ほか	昭和59年、平成3年国
江戸衣裳着人形	江戸川区、墨田区、台東区ほか	昭和59年、平成19年国
江戸切子	江東区、江戸川区、墨田区ほか	昭和60年、平成14年国
江戸押絵羽子板	墨田区、江東区、葛飾区ほか	昭和60年、令和元年国
江戸甲冑	墨田区、台東区、文京区ほか	昭和61年、平成19年国
東京籐工芸	足立区、台東区、豊島区ほか	昭和61年
江戸刺繍	足立区、新宿区、江東区ほか	昭和62年
江戸木彫刻	台東区、葛飾区、足立区ほか	昭和63年
東京彫金	台東区、文京区、足立区ほか	昭和63年
東京打刃物	足立区、荒川区、台東区ほか	平成元年
江戸表具	大田区、江東区、台東区ほか	平成元年
東京三味線	台東区、豊島区、中央区ほか	平成2年
江戸筆	台東区、豊島区、練馬区ほか	平成2年
東京無地染	新宿区、中野区、杉並区ほか	平成3年、平成29年国
東京琴	文京区、杉並区、渋谷区ほか	平成3年
江戸からかみ	江戸川区、練馬区、文京区ほか	平成4年、平成11年国
江戸木版画	台東区、荒川区、文京区ほか	平成5年、平成19年国
東京七宝	台東区、荒川区、北区ほか	平成14年
東京手植ブラシ	台東区、墨田区、荒川区ほか	平成14年
江戸硝子	墨田区、江東区、江戸川区ほか	平成14年、平成26年国
江戸手描提灯	台東区、荒川区、墨田区ほか	平成19年
東京洋傘	台東区、中央区ほか	平成30年

日本の野外音楽堂の スタートを切った 日比谷野外音楽堂

▲日比谷野外音楽堂のある日比谷公園は都会のオアシス

始まりは都市改造計画の一環

日本各地に野外音楽堂があるが、日本で最初の野外音楽堂が建てられたのは明治38年（1905）のことだった。日比谷公園内にある"小音楽堂"だ。その後、大正12年（1923）に、大音楽堂が開設され、"野音"の名で親しまれるとともに、日比谷野外音楽堂は、数多くの感動の音楽史を刻んできた。

そもそもなぜ、日比谷公園に日本初の野外音楽堂が建てられたのだろう。現在、日比谷公園がある場所は、江戸時代には萩藩毛利家など大名たちの上屋敷があった地域。明治を迎えると、広大な敷地は、明治4年に陸軍操練所（後に日比谷練兵場に改称）に。そして明治22年、市区改正*に基づく都市改造計画によっ

て、現在の日比谷通りを含む周辺の道路の整備とともに、日比谷公園の設置が決まった。

この都市改造計画の発案者は、東京府知事の芳川顕正。彼の狙いは「ロンドンやパリをモデルとして、東京を近代国家の首都にふさわしい都市に改造しよう」というものだった。公園の設計案を任されたのは、明治神宮の整備も手掛けた林学博士の本多静六（☞P44）。着工翌年の明治36年、日比谷公園は日本初の洋風近代式公園として開園した。その中に、文化の拠点として、図書館の前年に、設けられたのが小音楽堂だったのである。現在の建物は3代目。一方、大音楽堂は太平洋戦争中に一時休館したり、第二次世界大戦後は一時GHQに接収されたりしたが、昭和29年（1954）に2代目、昭和58年には3代目の大音楽堂が建てられ、現在に至っている。

▲明治38年に初演が行われた日比谷音楽堂。現在の小音楽堂のルーツだ（写真提供：生田誠）

▲大正時代に開設された大音楽堂。写真は昭和戦前期に撮影されたもの（写真提供：生田誠）

＊ 市区改正とは、明治17年に東京府知事によって提案され、明治21年に内務省により交付された「東京市区改正条例」に基づく都市改造計画のこと

数々の伝説を残してきた 大音楽堂

　1970年代、東京のコンサートといえば、外国人ミュージシャンは武道館、日本人ミュージシャンは日比谷野外音楽堂というのが通例だった。そのきっかけは、昭和44年にロックシーンで活躍したギタリストの成毛滋（なるもしげる）の呼びかけで開催された「10円コンサート」だ。前月にアメリカで行われたウッドストック・フェスティバルを体験した成毛が、自主興行として開催。入場料10円のコンサートは大成功し、以来、野音はロックやフォークのコンサート会場として不動の地位を築くことになる。

　残してきた記憶も大きい。昭和50年に開催されたロックバンド、キャロルの解散コンサートでは、演奏直後に爆竹の残り火が舞台装置に燃え移り、電飾が炎上。昭和52年（1977）に開催されたキャンディーズのツアー「サマー・ジャック77」では、人気絶頂の中、メンバーたちが突然、解散宣言をし、日本中に大きな衝撃をもたらした。昭和59年（1984）に、浜田省吾（はまだしょうご）やタケカワユキヒデらが出演した音楽フェスティバル「ATOMIC CAFE MUSIC FES'84」では、尾崎豊（おざきゆたか）が照明から飛び降り骨折する事件も。平成8年（1996）から2006年まで野音で行われていた「SPACE SHOWER SWEET LOVE SHOWER」フェスは、その後、山中湖に場所を移したが、現在まで続いている。令和の今もAKB48をはじめ多くのコンサートが開催されている。明治から大正時代にかけ、東京を西欧並みに、という呼びかけで誕生した野音は、令和の今も、野外音楽を牽引する存在なのである。

◀現在の小音楽堂。客席数は1000席。無料コンサートのみ開催

▼小音楽堂前の大噴水。水と緑に囲まれた環境の良さが特徴だ

▲大音楽堂の入り口。▼大音楽堂の客席。座席2653、立見席385、車いす席15が用意されている

懐かしいのに新鮮！
町とともに発展した
個性豊かな商店街

かっぱ橋道具街のシンボル
「かっぱ河太郎」像▲

「○○銀座」の元祖は
戸越銀座

　全国に300カ所以上あるという、「銀座」の表記が付く地名。「○○銀座商店街」や「○○銀座通り」など、商店街や繁華街の名称に付くことが多いが、そもそも銀座とは、銀貨を鋳造する場所のこと。遡ること江戸時代、この「銀貨鋳造所」のあった場所が、東京都中央区にある本家の銀座である。全国に銀座が付く地名が多いのは、各地の人々が日本一の繁華街である銀座にあやかり、商売繁盛の願いを込めて命名したからだ。

　東京には「三大銀座」と呼ばれる商店街がある。それが、戸越銀座、十条銀座、砂町銀座だ。どこも歴史があり、地元住民や観光客で賑わ

▲手作り惣菜から生活必需品まで揃う砂町銀座商店街。砂町銀座と命名された昭和7年（1932）頃は、30軒程度の商店街だったが、今では約180店が集まる

▲食べ歩きグルメが充実した戸越銀座商店街。戸越の地名の由来には諸説あるが、江戸からこの地を越えると相模国（神奈川県）に入ることから、古くは「江戸越えの村」と呼ばれたのが「戸越」になったという説が有力

うが、日本で初めて「○○銀座」と名付けられたのは戸越銀座といわれている。大正12年（1923）の関東大震災で壊滅状態になった銀座の町のレンガを戸越の商店街の通路の素材として譲り受けたのが縁で、戸越銀座と名乗ったのが始まりとされる。つまり、本家との縁により生まれた、歴とした「あやかり銀座」なのだ。

　戸越銀座は大正から昭和にかけて発展を遂げ、現在では全長約1.3kmという関東有数の長さを誇り、約400店舗が軒を連ねる。また、徳川家康も江戸入府の際に通ったという中原街道を挟んだ斜向かいには、昭和31年（1956）に大型アーケード商店街として誕生した、武蔵小山商店街パルムがある。全長約800mという、アーケード商店街としては都内随一の規模だ。

プロ御用達の問屋商店街

上野と浅草の中間に位置するかっぱ橋道具街は、飲食用品の専門店が集まる商店街。大正初期、現在の商店街の真ん中を流れていた新堀川（しんぼりがわ）の両岸に古道具商人たちが店を出したことが発祥といわれている。新堀川は関東大震災後に暗渠化（あんきょか）されたが、合羽橋（かっぱ）と菊屋橋（きくや）は、今も交差点の名前として残っている。

震災後、合羽橋周辺には菓子道具を扱う店を中心に、「食」に関連する商店が集まり始めた。戦後は調理器具をはじめ、食器、食品サンプルなど、飲食業界のニーズに対応した店舗が集まる専門店街へと発展。現在は約800mの通りに約170店舗が並ぶ、国内随一の道具街だ。「かっぱ橋」の由来は「雨合羽」という説と、約200年前に私財を投じて水はけ工事を行ったという合羽屋喜八（かっぱやきはち）を助けた「河童（かっぱ）」という説がある。かっぱ橋本通り沿いの曹源寺（そうげんじ）、通称かっぱ寺には、喜八の墓所がある。

生地の町として知られるのが日暮里繊維街だ。大正初期から繊維業者が集まるようになり、戦後はアメリカの古衣料やハギレなどを

包丁専門店やお箸専門店などがずらりと並ぶ、かっぱ橋道具街。ほとんどの店で一般消費者も購入可能。毎年10月9日（道具の日）を挟んで、「かっぱ橋道具まつり」を開催

販売し、発展してきた。日暮里中央通りには、繊維素材を中心に、ボタン、型紙、革、アクセサリーパーツなど、ファッションや手芸に関する90軒以上の専門店が並ぶ。

浅草寺東側一帯の花川戸（はなかわど）は、靴・はきものの問屋街。江戸通り沿いには、70軒もの店が軒を連ねる。特に和物の種類が豊富だ。

ほかにも蔵前にはおもちゃの問屋街、日本橋横山町（にほんばしよこやまちょう）・馬喰町（ばくろちょう）には衣料品の問屋街などがある。基本的に小売りは行っていないが、横山町・馬喰町では、一般消費者のために年2回、「大江戸問屋祭り」を開催。個性的な品を求めて散策するのもおもしろい。

	名称	エリア	特徴
まだある！注目の商店街	麻布十番商店街（あざぶじゅうばん）	港区	江戸時代から武家屋敷と寺が多く、門前町として300年以上の歴史をもつ。江戸後期創業の蕎麦店や、創業100年以上のたい焼き店などの老舗がある一方、洗練された飲食店も多く、新旧の魅力を味わえる
	青梅市商店会連合会（おうめ）	青梅市	リアルな昭和の面影が残る町。商店街には昭和スターを描いた映画看板が点在し、町全体が博物館のよう。江戸時代創業の傘店や陶器店など、歴史ある専門店も見逃せない
	吉祥寺サンロード商店街（きちじょうじ）	武蔵野市	吉祥寺駅北口正面にアーケードを構える約300mの商店街。メインストリートからいくつもの商店街がのび、巨大なショッピングエリアを構成している。食料品、惣菜、日用品となんでも揃う
	佐竹商店街（さたけ）	台東区	金沢の片町商店街に続き、明治31年（1898）に商店街組合を結成した、日本で2番目に古い商店街といわれる。秋田藩佐竹家の屋敷町として栄えた。レトロな雰囲気を醸し出している
	巣鴨地蔵通り商店街（すがもじぞう）	豊島区	「おばあちゃんの原宿」と呼ばれる巣鴨地蔵通りは、江戸時代から栄えてきた旧中山道。約780mの商店街にはとげぬき地蔵尊のある高岩寺もあり、参拝客と観光客に親しまれている
	中野ブロードウェイ（なかの）	中野区	漫画専門古書店「まんだらけ」が発端となり、「サブカルの聖地」として知られるようになった商業住宅複合ビル。地域密着型店とマニアックな店舗、そして近年はベンチャービジネスの拠点としても注目されている
	谷中銀座商店街（やなか）	台東区	約170mの通りに約60店舗が並ぶ、下町で人気のスポット。和小物、陶器、スイーツなど、洒落た店も多い。「夕やけだんだん」と呼ばれる夕日の名所や猫の町としても有名

江戸・東京が培ってきた風土と文化を今に伝える江戸東京野菜

▼七味唐辛子にも使われた内藤トウガラシ

▶滝野川大長ニンジンは、ゴボウとともに滝野川の名を冠した逸品

全国から運ばれたタネ

江戸東京*野菜は、江戸期から昭和中期頃まで栽培されていた在来種、または当時の栽培法により作られている野菜の総称。江戸から東京に至る歴史の中で、市民の食文化を支えてきた伝統野菜のことである。

徳川家康入府の頃の江戸は寒村だったが、その後、参勤交代が制度化され、働き口を求めて多くの人が流入。人口の増加で新鮮な野菜が不足し、幕府は直轄の畑を設け、地方の諸大名は故郷から農民を呼び寄せ、江戸の下屋敷で野菜を栽培していたという。野菜はタネの形で全国から江戸へと運ばれ、それが近郊の農家にも広まり、品種改良などの技術も発達した。こうして、江戸の気候・風土に合う野菜が定着したのである。

市中で人気となった野菜のタネは江戸みやげとして販売され、参勤交代の大名や旅人が郷里に持ち帰ったという。中山道の街道沿いにはタネを販売する店が集まり、「種屋街道」と呼ばれるほど賑わった。種屋街道の大ヒット商品の一つが、滝野川（現在の北区）を発祥とする長さ1mにもなる「滝野川ゴボウ」のタネ。現在国内で栽培しているゴボウの8〜9割は、滝野川系の品種を継承しているといわ

れている。このように江戸から広まった野菜のタネが、各地で地元特産の野菜として発展を遂げた例も少なくない。

歴史を伝える伝統野菜を次世代へ

江戸中期になると、近郊の農村は野菜の産地として栄えた。土地の名にちなんで名付けられた野菜も多い。たとえば江戸城の東側では、小松川（現在の江戸川区）が発祥の「伝統小松菜」がある。八代将軍・徳川吉宗が鷹狩りで訪れた際、この地でとれた青菜の入ったすまし汁を気に入り、特に名前のなかった青菜を「小松菜」と命名したといわれている。

谷中本村（現在の荒川区）周辺で栽培されていたのが「谷中ショウガ」。かつてこの一帯は肥沃で水はけがよく、ショウガの栽培に適していたという。上野の寛永寺や付近の寺が手土産にしたことで評判となり、江戸の人々の食卓に上るようになった。今でも「谷中」と言えば、葉付きショウガのことだ。

城の西側、内藤新宿（現在の新宿区）の「内藤トウガラシ」は、信州高遠藩内藤家の下屋敷で栽培され、近隣にも広まった名産品。江戸後期には蕎麦の薬味として重宝され、内藤新宿から大久保にかけての畑一面がトウガラ

* 「江戸東京」は、江戸から東京に至る時代と、江戸の町より広い、東京23区、北多摩、南多摩、西多摩の地域を意味している。

シで真っ赤に染まったという。

　ほかにも、江戸湾湾岸の砂村（現在の江東区）ではネギやナス、亀戸ではダイコン、城の南側の品川ではカブ、目黒ではタケノコなどが栽培されていた。

　都市の近代化などにより、江戸から東京へと受け継がれてきた伝統野菜は姿を消しつつあったが、近年、江戸東京野菜を復活・普及させようという活動が広がっている。現在50品目（2021年8月現在）がJA東京中央会に登録されている。

馬込半白キュウリ
（馬込半白節成キュウリ）
5月中旬〜7月下旬

明治中期に馬込で改良された品種。ぬか漬けに最適と一躍人気に

早稲田ミョウガ
8月〜

江戸時代から大正時代にかけて早稲田周辺で栽培され、薬味として愛用された

寺島ナス
（蔓細千成ナス）
6月初旬〜10月下旬

江戸生まれの品種。かつて寺島と呼ばれていた墨田区東向島は名高いナスの産地だった

奥多摩ワサビ
通年

ワサビをぬった江戸前の寿司が考案された文政の頃から、盛んに栽培されていたという

練馬ダイコン
11月中旬〜2月初旬

五代将軍・綱吉が栽培を命じたとされ、享保年間には練馬ダイコンの名前が定着

	品目	収穫時期	特徴
まだある！江戸東京野菜	亀戸ダイコン	10月中旬〜4月中旬	文久の頃から亀戸香取神社周辺で栽培。根も葉も浅漬けとして江戸庶民から愛された
	金町コカブ	10月中旬〜3月中旬	金町で栽培が始まったという説があり、全国のコカブの原型に
	シントリ菜（ちりめん白菜）	10月中旬〜3月中旬	芯の部分をお吸い物などに使うことからこの名に。昭和40年代頃に江戸川区、葛飾区、足立区で盛んに作られた
	青茎三河島菜	10月中旬〜12月下旬	絶滅したと考えられていたが、参勤交代の際に江戸から仙台に運ばれ、仙台芭蕉菜が伝統を受け継いでいることが2010年に判明
	のらぼう菜	2月初旬〜4月下旬	西洋ナバナの一種という説がある。奥多摩地方の人々は、この野菜のおかげで天明・天保の飢饉を生きのびた
	滝野川大長ニンジン	10月中旬〜12月下旬	北区滝野川産の根が1m近くになる伝説の長ニンジン。冬場の貯蔵用として好まれた
	本田ウリ	7月下旬〜8月中旬	西葛西の名産。ジューシーなことから水菓子と言われ、三代将軍・家光も大好物だった
	千住一本ネギ	12月初旬〜3月中旬	江戸時代、砂村から千住に伝わった根深ネギ。千住市場に良質のネギが集まり、千住ネギの名声が高まった

オリジナル品種を開発
東京生まれの
ブランド農畜産物

▲一般的な鶏卵よりも
小粒な烏骨鶏の卵

東京が誇る幻の豚

東京都で生産される代表的な食材といえば野菜だが、畜産分野においても東京独自のブランド食材がある。

「TOKYO X」は、旧東京都畜産試験場で7年の歳月をかけて開発された、東京生まれの銘柄豚である。増加していた外国産輸入豚肉と差別化できる地域特産豚肉を作るため、肉質が優れている北京黒豚、バークシャー種、デュロック種の3品種の豚を掛け合わせて改良された新品種の系統豚だ。3種の豚の良さを併せ持つ、霜降りのやわらかい肉質とジューシーな味わいが特徴。交雑種のX（クロス）と、未知の可能性X（エックス）を秘めた東京生まれの豚という意味から命名された。

▲3種の良さを受け継ぐ系統豚「トウキョウX」。毛色は黒、茶色、茶に黒斑、白い斑点など個体によりさまざま

▲江戸初期に、薬草や薬物の効能などを解説した薬学書とともに渡来したといわれる烏骨鶏

安全に配慮した飼育環境と厳しい管理体制のもとで育てるため、生産量が少なく、希少価値の高い「幻の豚」ともいわれている。現在、年に9000頭ほど流通しており、都内の小売店や百貨店、飲食店を中心に販売。行政・生産・流通の連携によるブランド作りのモデルケースとしても注目を集めている。

烏骨鶏やキウイフルーツも東京産

江戸初期に中国から渡来したとされる「烏骨鶏」。中国や韓国では、肉や卵が薬膳の素材として珍重され、漢方の効能もうたわれてきた。全身がやわらかい羽毛で覆われ、肉や骨は黒く、卵は小粒ながら栄養価が高いのが

特徴。しかし産卵率が低く、通常では年間50〜80個程度しか卵を産まない。その烏骨鶏を改良し、年間190個程度にまで産卵率を向上させたのが「東京うこっけい」だ。青梅市、立川市、八王子市をはじめ、都内各地で飼育されており、卵は農協などの直売店で販売しているほか、菓子の材料にも使われている。また、東京うこっけい生産組合では、産卵の終了した鶏を肥育し、肉用としても利用できるよう活動している。

　キウイフルーツというとニュージーランド産のイメージが強いが、原産地は中国。日本には昭和40年代に入ってきて、ミカンの転作作物として全国に広がったという。都内で作られている主な品種は果肉が緑色の「ヘイワード」だが、平成初期、小平市の農家で新品種が発見された。それが「東京ゴールド」

▲小平市生まれのキウイフルーツ「東京ゴールド」。レモンのようなドロップ型でやや小さめなのが特徴

だ。この東京生まれのキウイは、果肉は黄色でやわらかく、糖度が高く程よい酸味もあるのが特徴。直売所などで販売している。

　東京生まれのブランド食材は、生産数に限りがあるため、あまり市場には出回っていないものもあるが、都内では提供する飲食店も徐々に増えている。今後も注目したい。

まだある!東京ブランドの農畜産物

都香（みやか）
東京の伝統的ブランド野菜であるウドの新品種。歯ごたえがあるのにやわらかく、高品質

東京しゃも
しゃもと他種の鶏を交配して開発した東京産のブランド鶏。都内の鶏料理店などに出荷されている

東京紅（とうきょうべに）
色鮮やかな橙色で甘みの強い柿。全国的に主力の次郎柿や富有柿より10日前後早く収穫できる

さわや香ミディ
おだや香
はる香ミディ
畜産物以外に、花にも東京ブランドがある。東京都農林総合研究センターが開発した3品種のシクラメンは、従来に比べて生育が旺盛で香りがよく、夏の暑さにも強い。都内で年間約27万鉢が生産されている。

©(公財)東京都農林水産振興財団

豊かな江戸前漁場の恵みに育まれた東京の伝統食

◀佃島の漁師から全国へ広まった、佃煮

食材の中心は江戸前の魚介類

世界有数のグルメ都市、東京。都市の発展とともに食文化も日々、進化し続けているが、東京の食文化と深く関わっているのが、江戸湾（現在の東京湾）である。海に注がれる河川の養分や湾口に流入する黒潮の分流などが入り混じり、変化に富んだ漁場が形成され、魚介類や海藻類が豊富にとれた。

日本食の代表ともいえる寿司。「箱ずし」や「巻ずし」などもあるが、シャリ（酢飯）の上にネタ（具）をのせた握り寿司の原点は、江戸後期の料理人・華屋與兵衛が生み出したと

◀かつての漁師町の名物料理、深川飯。現在も深川周辺では、オリジナルの深川丼や深川飯を提供する店が多い

いわれる「江戸前寿司」だ。名の由来は江戸の前、つまり江戸湾でとれた魚を使った寿司ということ。当時は冷蔵技術が発達していなかったため、ネタを日持ちさせるためにさまざまな工夫を凝らしていた。生魚を酢や塩で締める、煮る、漬けるなど、ひと手間かけるのが江戸前寿司の特徴。締めサバやコハダ、

▲高輪で夕涼みをする人々の様子。画中奥は江戸前の海。右手前に寿司の屋台があり、職人が握った寿司が木桶に並んでいる。（歌川広重『東都名所高輪廿六夜待遊興之図』神奈川県立歴史博物館所蔵）

▲江戸庶民の味、どぜう鍋。滋養強壮の効果があり、夏バテ対策にも食される。たっぷりのネギとともにいただく

煮アナゴ、蒸しエビなどが代表的なネタである。

　高級なイメージのある寿司だが、昔は屋台で売られていた庶民的な食べ物。安く手早く食べられるとあって、せっかちな江戸っ子にぴったりの食事だった。今でも、寿司店で料理人がカウンター越しに客と向かい合うのは、当時の名残とされる。

　深川エリアで古くから愛される名物料理といえば、「深川丼」。アサリやハマグリなどの貝類と、ネギ、油揚げなどを煮込んだ汁をご飯の上にかけたものだ。埋め立て前の深川は海に面したアサリの好漁場で、漁師が船上で漁の合間に食べた賄い飯がルーツだといわれている。一方、家庭では、同じ材料を炊き込みご飯にした「深川飯」が広まった。新鮮なアサリが手に入った深川ならではの家庭料理である。

　「どぜう（どじょう）鍋」は、庶民に親しまれたスタミナ料理。酒に漬けたどじょうを割下で煮込んだ料理で、享和元年（1801）に浅草で創業した「駒形どぜう」が発祥といわれている。本来「どぢやう」「どじやう」が正しい表記だが、4文字では縁起が悪いと考えた初代の発案で、「どぜう」と表記するようになったという。背開きにしたどじょうとゴボウを入れ、卵とじにしたものは「柳川鍋」といい、区別されることが多い。

おやつ、漬け物にも歴史あり

　東京の下町で明治中期より発展してきた「もんじゃ焼き」は、焼く際、鉄板の上にゆるい生地で文字を書いて遊んだことから「文字焼き」、それが転じて「もんじゃ」になったといわれる。ちなみに、小麦粉で作った生地を鉄板で焼き、あんこを巻いた「あんこ焼き」は、もんじゃ焼き店の食後の定番。月島には、もんじゃストリートと呼ばれる一角があり、数十軒のもんじゃ焼き専門店が軒を連ねる。

　東京の漬け物の代表格といわれる「べったら漬け」は、江戸中期、日本橋の宝田恵比寿神社例祭の市で、農民が飴と麹で漬けた大根を売ったことが始まりとされ、麹で表面がべとべとしていることから、その名がついたといわれる。毎年10月に開催されるべったら市は、日本橋界隈の秋の風物詩だ。

　小魚、貝類、昆布などを甘辛く煮付けた「佃煮」は、江戸前の漁業の中心だった佃島が発祥の保存食。400年以上の歴史をもち、江戸みやげとして全国各地に広まった伝統食だ。

　江戸前の新鮮な食材を生かし、今日まで受け継がれている伝統料理には、江戸・東京の人々の知恵と工夫が詰まっている。

▲江戸時代から続く伝統行事、べったら市。露店で賑わう

東京ならではの
イイシナ

東京都地域特産品認証食品（イイシナ）は、東京産の原材料を使用している加工食品、または東京独特の製法で生産された食品について、味や品質、商品へのこだわりなどを審査し、都が認証した食品のこと。言わば「東京の特産品」である。くさやなどの魚介製品から納豆、乳製品、酒、スイーツまで、ラインナップは多岐にわたる。

江戸前寿司に欠かせない酢、江戸の伝統の味を復刻した江戸味噌や江戸甘味噌、そして醤油にもイイシナがある。東京では数少ない醤油蔵をもつ近藤醸造（あきる野市）の「キッコーゴ丸大豆醤油」だ。創業以来100年にわたり代々受け継がれてきた技を用い、じっくりと時間をかけ

て発酵熟成した醤油は、保存料や着色料は使用せず、豊かな香りと深い味わいを感じられる。

幕末に造り酒屋を営んでいた若松屋が前身の東京港醸造（港区）の自信作は、「東京あまざけ」。都心のビルの中に酒蔵があるという、都会ならではの立地で造られる甘酒だ。東京産の原材料にこだわり、お米特有の甘みが楽しめる。

日本酒「澤乃井」の醸造元は、奥多摩で300年以上酒造りを営んできた老舗の小澤酒造（青梅市）。清らかな水と空気、磨き上げられた技に育まれた名酒にはファンも多い。その小澤酒造の生酛酒を隠し味に、地元産の

牛乳で作るウォッシュタイプのチーズがフロマージュ・デュ・テロワール（青梅市）の「フロマージュ・ドーメ」。日本酒との相性が抜群だ。

東京の島々にも特産品がたくさんある。島の面積の80%に椿が生育している利島は、日本有数の椿油の産地。椿油というと、ヘアケアやスキンケアのイメージが強いが、東京島しょ農業協同組合 利島店（利島村）の「食用つばき油」は、一番搾りにこだわった自慢の逸品。原料から搾油、充填まですべて島内で行う。

伊豆大島や青ヶ島では、深層地下海水や火山の地熱など自然の恵みを生かした塩や、伝統的な製塩法を継承した塩が名産だ。伊豆諸島や小笠原諸島の特産品は、竹芝客船ターミナル内にあるアンテナショップ「東京愛らんど」で販売している。

家庭科のコラム

都 が 認 証
隠 れ た
東京の特産品

東京都地域特産品認証食品は商品パッケージなどにあるEマークが目印。商品の一部は新宿駅南口から徒歩4分のJA東京アグリパークでも購入できる

国語

日本語の共通語は江戸・東京の山の手言葉がルーツ

◀明治の一時代を象徴する「鹿鳴館」跡の碑

江戸言葉から東京語へ

　東京語（東京方言）の基礎となった江戸言葉が成立したのは江戸時代。開府後、江戸に多くの人口が流入し、城の西側の山の手には武家、東側の下町には町人が住むようになり、階層別に言葉の違いも生まれた。江戸初期に武家を中心に発生した武家言葉（山の手言葉）は、江戸中期から幕末へと年月が経つにつれ、中上流の町人の子女による屋敷奉公や行儀見習いを通して、町人の女性たちへと広まっていった。一方、男性たちも商売の取引や社交場などで武家言葉に接しており、武家と中上流の町人との共通語として、江戸の町に浸透していったのである。幕末には、町人の間でも目上の人と話すときなどは、山の手言葉を使うことが定着していた。

　江戸から東京への転換期、人口は最盛期の5分の1にまで激減した。一時は、麹町から麻布、小石川に至るまで農地になったが、徐々に東京に人が戻り、かつて大名や旗本の住んでいた山の手の屋敷町には、明治新政府の高官や全国各地から集まった旧武士階級に属する士族たちが居住するようになる。

▲江戸の町人にとって、社会の最上層部である武士階級は特別な地位。裕福な町人の娘たちは、良縁を得るための花嫁修業の一環として武家奉公に上がっていた。一勇斎国芳『娘御目見図』（国立国会図書館所蔵）

▲東京・三田にあった徳島藩蜂須賀家の屋敷門を移築した西澄寺山門（世田谷区）。5万～10万石の大名の屋敷門としての風格がある。都の文化財に指定

明治以降の山の手言葉

　地方出身の新住民たちの方言、当時の知識人の基礎教養である漢学に必要な漢語、外国語の流入などにより、山の手言葉にも変化が現れる。男性語では、「僕」、「君」などの人称代名詞の使用、「来たまえ」、「飲みたまえ」などの「たまえ言葉」、「〜すべし」など文語系の言い回しなどがある。もともと「僕」や「君」を使っていたのは、外国人に接する機会の多い通訳や、大学や私塾で勉強するために集まった書生、一部の知識人たち。洋学が一般化するにつれ、山の手の住人の間にも広まっていったと考えられる。

　一方、女性語では、「よくってよ（いいわ）」、「いやだわ」など、語尾に「てよ」や「だわ」などを用いる「てよだわ言葉」がある。明治初期から中頃にかけて有産階級の女学生の間で発生し、東京の中上流家庭の中で広まった。昭和20年代頃まで、映画や小説の中でも品のいい言葉遣いとして頻繁に登場する。

　ほかにも、山の手言葉を代表する表現に、「ざあます言葉」や「あそばせ言葉」がある。

　「〜ざあます」は、「〜でございます」が縮まったもので、上流階級の女性たちの間で広まった丁寧語。江戸の吉原の遊女言葉として発生した「ざんす」や「ござります」が転化したものともいわれる。「あそばせ言葉」は、室町時代の宮中で発生し、江戸時代に武家屋敷内で使われるようになり、中上流の町人の日常的な言葉になったとされる。「ごめんあそばせ（失礼します）」、「おいであそばせ（いらっしゃい）」など、「ご〜あそばせ」、「お〜あそばせ」の形で用いられる。本来は目上の人に対して使う言葉だが、高飛車なお嬢様や上品ぶったマダムのような人物像をイメージする人が多いのではないだろうか。

　日本語の標準語は、明治政府の下、東京の中流階層の山の手言葉を母体として制定され、教科書に取り入れられて全国に広まっていった。一方で、関東大震災や太平洋戦争、戦後の高度経済成長期などによる人口の流出入などにより、標準語ひいては現在の共通語のルーツとなった山の手言葉も姿を消しつつある。

▲明治25～26年（1892～1893）にかけて出版された、山田美妙 編著による国語辞典『日本大辞書』。日本語の共通語のアクセントを初めて記述した辞書とされる。（国立国会図書館所蔵）

下町文化の象徴
江戸っ子の誇りと愛着が
詰まった江戸言葉

▲「おじゃん」の語源といわれる半鐘

江戸言葉はこうして生まれた

　江戸・東京で用いられてきた言葉である東京方言は、江戸幕府開府当時の中央語だった上方語や徳川氏ゆかりの三河弁などの西日本方言と、元来この地域で使われていた西関東方言とが混ざり合い、江戸の発展とともに成立したといわれている。江戸には、参勤交代や商売などで全国から多くの人が集まったことから、各地の方言の影響を受けつつ、新たな言葉が形成されていった。武士や町人など階層による言葉の違いも生まれ、武家屋敷が並ぶ山の手では山の手言葉、町人が住む下町では江戸言葉（下町言葉）が使われるようになり、話芸や文芸にも表現された。

▲式亭三馬の『浮世風呂』（文化6〜10年（1809〜1813）刊行）は、浴場を舞台に当時の庶民の生活を描いた滑稽本。江戸時代の言葉を記録した貴重な資料だ。（国立国会図書館所蔵）

◀江戸言葉で語られるのが江戸落語。東京都内にもいくつか寄席があり、落語を楽しめる

　ただ江戸言葉と一口に言っても、職業や生活風習などにより、言い回しやニュアンスが微妙に異なる。時代劇でおなじみの「てやんでえ（何を言っていやがる）」、「あたぼうよ（あたりまえだ）」などの「べらんめえ調」は、町人の中でも職人の間で使われていた口調。巻き舌でやや荒っぽく、威勢のいいのが特徴だが、商人には商売柄ふさわしくないとされ、あまり使われなかったようだ。

粋な江戸言葉の特徴

　江戸の職人言葉を基本に語られるのが、江戸落語だ。例えば、「ちょっとそこまで」を「ちょいとそこまで」、「おまえさん」を「おまいさん」という言い方があるが、「い」に変えるだけで、テンポが出て威勢がいい感じがする。また、「いやなこった」を「やなこった」というように言葉を短くしたり、「ちがいない」を「ちげーねー」というように「アイ」を「エー」と発音したり、「美味いの美味く

ないの（あまりの美味さにびっくり）」のように、言葉を重ねて強調したりするのも、心地いいリズムで勢いのある話を好む江戸っ子の特徴だ。そうかと思えば、「小ぎれい」、「小ざっぱり」、「小っぱずかしい」など、頭に「小」を付け、ストレートな表現を緩和させる言い方もある。「すごい」の代わりに、「少し」を意味する「小」を使うのは、早口でキレのいい話し方をしつつも、照れ屋で素直にほめるのが苦手な江戸っ子らしい言葉である。

江戸っ子は「ひ」と「し」の区別がつかない、というのは有名な話。今でも下町出身の年配者の中には、「潮干狩り」を「ひおしがり」、「質屋」を「ひちや」と発音する人もい

る。下町を含む現在の東京では、標準語を基盤にした首都圏方言が主流となり、江戸言葉を話す人は年々少なくなってきているが、今でも日常の言葉として広く使われている語も多い。

▲本所七不思議の1つ「おいてけ堀」伝説で、釣り人が糸を垂れていたとされる場所の1つ

今でも使われている江戸言葉

相棒（あいぼう）
2人で仕事などをするときの相手、仲間。1つの駕籠（かご）を一緒に棒で担ぐときの相手からきた語。棒の片方を担ぐ者が片棒

阿漕（あこぎ）
同じことがたび重なることが転じて、むさぼり、あつかましいの意に。伊勢の禁漁地である阿漕ヶ浦の密漁者が絶えなかったことに基づく語

一目置く（いちもくおく）
一目は一個の碁石。囲碁では弱い方が先に石を1つ置いて始めるところから、自分より優れた相手に対して一歩を譲ること

鯔背（いなせ）
江戸日本橋の魚河岸で流行した「鯔背銀杏（いなせいちょう）」（形や色が魚のイナの背に似ていた）の髷を結った若者たちのこと。そこから粋で勇み肌な若者のことを指すようになった

置いてけぼり（おいてけぼり）
かつて江戸本所（現在の墨田区）に

「おいてけ堀」という池があり、魚を釣って持ち帰ろうとすると、池の中から「置いてけ、置いてけ」と声がし、驚いて魚を放り出して逃げ帰るという伝説が語源。これが転じて、置きざりにされるの意に

おじゃん
物事が途中でだめになること。江戸では火事が鎮まった際、半鐘を「ジャンジャン」と打ち、鎮火を知らせたことが語源

首ったけ（くびったけ）
上方語の「首丈」の促音化。足元から首までの丈のこと。首まで浸っておぼれる様子から、好意をもつ異性に夢中になるの意に

差金（さしがね）
陰で人をそそのかして操ること。芝居

用語に由来するもので、元は芝居の小道具の鳥や蝶などを、観客に見えないように操る針金のこと

十八番（じゅうはちばん・おはこ）
最も得意な芸や技。市川家がお家芸とする『歌舞伎十八番』の台本を箱に入れて保管したことが語源

どっさり
重い物が落ちる音を表す「どさり」という語の促音化。重いことから転じて、たくさんあるさまをいう副詞として用いられるようになった

とどのつまり
結局のところ。出世魚で知られるボラは幼魚から成魚になる間に、オボコ、イナなど何度も名称を変え、最後にトドという名になることが語源

へそくり
倹約や内職などをして内緒で貯めた金。へそ（綜麻）とは紡いだ麻糸を玉状に巻いたもので、これを繰って売り、蓄えた金銭からきた語

（注記）※語源には諸説あります

149

歌、文学、能学から絵画まで あらゆる芸術にインスピレーションを与えた隅田川（すみだがわ）

時代の文化が根底に

平安時代、『伊勢物語』の主人公は京の都を出て武蔵国（むさしのくに）から下総国（しもうさのくに）に向かう途中、隅田川で歌を詠んだ。川面に舞う水鳥を見て、都を恋しく思って詠んだ歌は、「名にしおはば　いざ言問（こと　とい）はむ都鳥（みやこどり）　我が思ふ人は　ありやなしやと」。『古今和歌集』に残るこの在原業平（ありわらのなりひら）の歌の中にある「言問」（こと　とい）は言問橋の名の由来だ。

明治時代、作曲家滝廉太郎（たきれんたろう）の歌曲集『四季』の第1曲『花』には、「春のうららの隅田川」とある。春の陽がうららかにさすなか、舟をこぐ櫂（かい）のしずくはまるで花が散るようだと表現されている。この詞は紫式部の『源氏物語』「胡蝶」（こちょう）の巻で詠まれた和歌「春の日の　うららにさして　行く船は　棹（さお）のしづくも花ぞちりける」が元になっているといわれる。

江戸時代から、さらに隅田川への注目度が高まった。舟運で栄え、両岸には多くの蔵が立ち並び、江戸の経済を支えたことが大きい。一方で屋形船や釣り船、渡し船が往来し、舟

▲墨田公園を中心に墨田川沿いに満開の桜が咲き誇る頃、遊覧船や屋形船から花見を楽しむ人で賑わう様子は江戸時代から変わらない

『隅田川花見』 歌川国芳

◀上野寛永寺（かんえいじ）、飛鳥山（あすかやま）、隅田川堤に桜を植樹させたのは徳川吉宗（とくがわよしむね）（1684〜1751）。吉宗の時代から約1世紀後、隅田川堤の花見を楽しむ様子が、歌川国芳（1798〜1861）の錦絵からうかがえる（国立国会図書館所蔵）

遊びや川遊び、花見や花火など、庶民のレクリエーションの場としても栄えた。大名たちもこぞって訪れ、屋形船を仕立てて舟遊びに興じたという。

そんななか、享保17年（1732）に疫病が大流行し、犠牲となった人々の慰霊と悪病退散を祈り、翌年の旧暦5月28日に始まったのが、両国の川開きと花火だ。昭和53年（1978）に「隅田川花火大会」に名を変えた行事は、今も隅田川の夏の風物詩となっている。

錦絵や能、文学に見る隅田川

隅田川にまつわる娯楽や景観は、多くの芸術作品のモチーフになった。もっとも顕著なのが、江戸時代に描かれた錦絵だ。歌川国芳は、隅田川の花見のシーンを描き、歌川広重は、両国の納涼花火の様子を絵にした。江戸時代末期から明治にかけての浮世絵師・楊洲周延も、明治20年（1887）に隅田川の花見の様子を描写。時は明治へ移り、ファッションこそ変わったが、隅田川での行楽に興じる人々の日常に変わりがないことが見て取れる。

伝統芸能でも舞台となる。室町時代の能作者観世元雅作の能曲『隅田川』は、人買いにさらわれた愛する息子梅若丸を捜して、京から武蔵国の隅田川まで旅する母を描いた作品。子は河原で死に、亡霊となった息子と再会するも、夜明けとともに母の前からその姿が消えるという悲劇の物語だ。この物語には『伊勢物語』の「東下り」の段も登場する。「梅若殺し」を取り入れた作品として、近松門左衛門も人形浄瑠璃『双生隅田川』を制作している。

文学では、菅原孝標女は『更級日記』に上総国から京へ戻る途中に隅田川を渡る様子を描き、永井荷風は『すみだ川』で、蔵前、浅草橋など隅田川周辺の風景の中に、芸者になった幼なじみを想う主人公の恋心を描写した。芥川龍之介の『大川の水』は、下町出身の"自分"が隅田川の魅力を語る作品だ。

時代も芸術のジャンルも問わず、隅田川が多くの作家にインスピレーションを与えてきたことは確かだ。

◀ 歌川広重（1797〜1858）作『新撰両国納涼花火ノ図』。隅田川をはさみ武蔵と下総国をつなぐ両国橋。広重は『名所江戸百景』に数多くの隅田川界隈の絵を残した（国立国会図書館所蔵）

『隅田川花の遊覧』楊洲周延

◀ 楊州周延（1838〜1912）は幕末から明治40年頃まで、美人画や風俗画を数多く描いた浮世絵師。800点以上の錦絵からは、時代を反映した髪型やファッションなどが見て取れる。（国立国会図書館所蔵）

池波正太郎の代表作
『鬼平犯科帳』の鬼平は
江戸を舞台に大活躍した

江戸の町を闊歩した
「斬り捨て御免」の鬼平

　江戸を舞台にした時代小説は膨大な数にのぼるが、実在の人物を主役に据えて一世を風靡したシリーズ物が、池波正太郎の『鬼平犯科帳』。窃盗や強盗、放火などを取り締まる火付盗賊改方長官で、賊たちから「鬼の平蔵」と恐れられた長谷川平蔵が、「斬り捨て御免」で悪を懲らしめる捕物帳で、江戸の下町風俗を生き生きと描き出した快作である。

　物語の時代は安永・天明・寛政年間（1772～1801）。登場するエリアはおおまかにいえば、北は千住付近、東は深川界隈、南は品川、西は新宿に囲まれた部分。王子や目黒などの行楽地に足を延ばす場面もあるが、基本的に鬼平がメインに活躍するのは本所、深川、浅草、上野、目白、巣鴨あたりだ。特に、若かりしころの鬼平は「本所の銕」のあだ名を持つならず者で、本所界隈で放蕩生活を送ったといわ

◀人足寄場のあった石川島は、高層ビルが立ち並ぶウォーターフロント。跡地の一角は佃公園となり、幕末に造られた灯台を模したモニュメントが立つ

れることから、本所・深川は頻繁に登場する。火付盗賊改方長官となった鬼平が、初めて市中見回りに出た場所も本所だ。また、池波正太郎が生まれ育った浅草も登場頻度が高い。

　鬼平が活躍する江戸の風景は、当然作者が見たものではない。池波正太郎は鍛冶屋や炭屋、下駄屋、駄菓子屋など昔ながらの営みがある下町で、職人や出入り商人などを間近に見て育った。江戸の原風景というものが、頭の中にあったのだろう。そして、その原風景に想像をプラスしたのである。

　池波正太郎が古地図を手に下町歩きに勤しんだといわれる。そのためか、町並みは細い道筋まで精緻に書き込まれ、鬼平チームが打ち合わせに利用した軍鶏鍋屋を筆頭に煙草屋、蕎麦屋、薬種問屋、菓子舗など、江戸のほとんどの業種を網羅したかのような商店の描写もリアル。輸送の主役が舟だった江戸時代には川や運河が無数にあり、そうした水路で繰り広げられる捕り物も多い。

作品に閉じ込められた
江戸の記憶

　とはいえ、現在も参道が賑わう浅草寺といった一部の寺社などを除き、現在の東京で江戸の面影を探すのは困難。例えば石川島（現

本所の古地図で見る鬼平の軌跡

本所は、鬼平が青春時代を過ごした場所。作中では、火付盗賊改方長官となった鬼平は江戸城の清水門外に移り住むが、史実では長谷川平蔵は死ぬまで本所で暮らした（『江戸切絵図・本所絵図』国立国会図書館所蔵）

鬼平が19歳で入門した高杉銀平道場。後に剣友となる岸井左馬之助と出会う

春慶寺には、鬼平の剣友である岸井左馬之助が寄宿していた

鬼平のはからいで結婚し、鬼平を陰で支えた密偵夫婦、大滝の五郎蔵とおまさの家

重要な場面で何度も登場する軍鶏鍋屋「五鉄」の場所。馴染みの密偵、相模の彦十が寄宿する

作中で、若き日の鬼平の住居とされた家。近くには、実際に長谷川という名の家があった

鬼平の行きつけの盗人酒屋。店主の娘のおまさは鬼平に恋心を抱き、後に密偵となる

在の佃）の人足寄場は、実際に平蔵の建議で造られた犯罪者の更生施設。作中でも何度も登場するが、現在、その場所には高層ビルが林立する。池波正太郎は昭和39年（1964）の東京オリンピックを機に東京の開発が進み、江戸の面影が失われていく様子を嘆いていたという。『鬼平犯科帳』の連載が昭和43年（1968）から始まったことを考えると、失われつつある古き良き江戸の記憶を、鬼平の活躍とともに作品に閉じ込めたいという思いもあったのかもしれない。

現在では『鬼平犯科帳』がまるで古地図代わりでもあるかのように、作品にゆかりのあるスポット巡りも盛んに行われ、本所のある

墨田区では「鬼平情景」として作品に登場する場所に高札を立て、町歩き観光を促進している。今はなき江戸の面影を、詳細な町並みだけではなく、鬼平をはじめ魅力的な江戸っ子たちの悲喜こもごものドラマで織り上げた『鬼平犯科帳』は、超一級のエンターテインメント作品であり、読者を江戸の町へいざなってくれる江戸案内書でもある。

◀史実では、平蔵の家＊は現在の都営地下鉄新宿線菊川駅のあたり。駅の近くに「長谷川平蔵・遠山金四郎屋敷跡」の碑が立つ

時代の先端を行く 文人たちが暮らした 番町文人通り

◀与謝野鉄幹・晶子夫妻の旧宅があった文人通り

欧米の風を運んだ文人たち

千代田区の北西に広がる番町という地名は、かつてここが江戸城の西側を警護する旗本の町であり、一番組から六番組に分けられていたことに由来する。明治維新後、それが一番町から六番町になった。旗本屋敷跡を中心に英国大使館など多くの大使館ができ、外国人や要人たちが暮らす国際色豊かなエリアになる。

町の空気が呼び寄せるのか、類は友を呼ぶのか。明治・大正・昭和にかけて時代を代表す

る作家や芸術家たちが、六番町の全長わずか1kmほどの通りとその周辺に暮らしていた。通称「番町文人通り」である。

とりわけ大正デモクラシーの世相のなか、理想主義や人道主義を掲げて文学をリードした白樺派の面々や、洋行経験者が少なくない。

たとえば、有島武郎、有島生馬、里見弴という有島三兄弟の家は、大蔵官僚や実業家として活躍した父親が明治29年（1896）に購入した六番町の広大な旧旗本屋敷である。長男の武郎は1903年から約4年間、アメリカのハーバード大学などに留学。次男の生馬も1905年からロー

与謝野鉄幹・晶子夫妻は帰国後、隣家に転居

滝廉太郎居住地の碑がある

泉鏡花の旧居跡。小路をはさんで有島家と向かい合っていた

島崎藤村旧居跡

藤田嗣治のアトリエがあった場所

有島武郎、有島生馬、里見弴三兄弟の旧居跡

菊池寛旧居跡

武者小路実篤の生家があった

番町文人通り界隈

千代田区六番町にある番町文人通りはもちろん、二番町、一番町にも文人ゆかりの住居があった。今や別の建物になっているが、碑やプレートを頼りに想像しながらの散策も楽しい

マやパリに留学し、1910年に帰国している。

この1910年は、武者小路実篤や志賀直哉など学習院出身の名家の青年たちが文学と美術の同人誌『白樺』を創刊した年であり、有島三兄弟も参加。

与謝野鉄幹と与謝野晶子夫妻がこの街に引っ越してきたのも1910年だ。すでに7人の子供がいたが、スランプに陥っていた夫を気遣い、晶子が計らって翌年から4ヶ月間、夫妻でパリやロンドン、ウィーンなどを歴訪。

有島生馬と親しかった島崎藤村も、3年間のパリ暮らし経験があり、晩年の昭和12年（1937）から6年間この町に居を構えた。

さらに藤村の住居のすぐ近くでは、パリ画壇で名声を博した藤田嗣治が、1937年にアトリエを新築。藤田はこの家で5人めの妻である25歳年下の日本人女性と新婚生活を送っている。

文壇華やぐ有島家の周囲

名家とも洋行とも無縁だが、妖しい異界を書いて白樺派の青年たちからも崇拝されていた泉鏡花もこの通りに暮らしていた。1910年から亡くなる30年間である。住まいは、有島邸の向かいにある二軒長屋。鏡花は2階の書斎から有島家の庭を眺めながら執筆し、鏡花を師と仰ぐ里見弴は、ときに文章指導を受けていた。

大正15年（1926）には、菊池寛が有島家の敷地内に住み、文藝春秋社の事務所も置いた。直木三十五も暮らしたことがある。

番町文人通りからはやや外れるが、一番町には、作曲家の滝廉太郎が居住し、『荒城の月』などを作曲した。1901年にドイツに留学。しかし半年もせず結核を患って帰国し、23歳の生涯を終えた。

また、華族である武者小路実篤が生まれ育った屋敷も一番町だ。28歳で結婚した翌年には、有島邸近くに新居を構えている。

その後、東京大空襲で焦土となった番町一帯に往時の面影はない。現在は「まちの記憶保存プレート」が、文人たちの旧居跡を伝えて、在りし日をしのばせている。

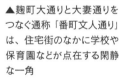

▲麹町大通りと大妻通りをつなぐ通称「番町文人通り」は、住宅街のなかに学校や保育園などが点在する閑静な一角

▲千代田区六番町5には、泉鏡花旧居跡を示すプレートがある

	作家名	職業	生没年	代表作
番町文人通りに暮らした作家たち	有島武郎	小説家・詩人	1878〜1923	『カインの末裔』『或る女』
	有島生馬	画家	1882〜1974	『鬼』
	里見弴	小説家	1888〜1983	『恋ごころ』『多情仏心』
	与謝野鉄幹	歌人	1873〜1935	『五足の靴』
	与謝野晶子	歌人	1878〜1942	『みだれ髪』
	島崎藤村	詩人・小説家	1872〜1943	『若菜集』『破戒』『夜明け前』
	藤田嗣治	画家	1886〜1968	『五人の裸婦』『カフェ』
	泉鏡花	小説家	1873〜1939	『高野聖』『草迷宮』『天守物語』
	菊池寛	小説家	1888〜1948	『恩讐の彼方に』『真珠夫人』
	直木三十五	小説家	1891〜1934	『南国太平記』『楠木正成』
	武者小路実篤	小説家・詩人・画家	1885〜1976	『お目出たき人』『友情』
	滝廉太郎	作曲家	1879〜1903	『荒城の月』『花』

"近代文学発祥の地"
本郷に暮らし、
時代を疾走した文人たち

本郷にある菊富士ホテルの跡地に立つ碑▶

近代文学が誕生する坂の街

　本郷に、東京大学が誕生したのは明治10年（1877）のこと。キャンパスの大部分は加賀藩の上屋敷跡地である。明治から大正、昭和と、この界隈にキラ星のごとく多くの文人が暮らした。最高学府のある街で、新時代を築こうと全国から若者が集まったのである。

　岐阜県出身の坪内逍遥が住んでいたのは本郷4丁目の炭団坂上である。東大卒業から2年後の1885年、この地で日本初の小説論『小説神髄』を発表。江戸時代的な勧善懲悪主義を排して写実主義を提唱し、文学は芸術であると主張した。のちに「近代文学の祖」と仰がれる由縁である。

　住んでいたのは、逍遥に東大受験生を指導してもらうために支援者から提供された寄宿学校だった。そして彼の転居後は、旧松山藩の子弟用の「常盤会寄宿舎」が造成され、1888年、ここで暮らし始めたのが正岡子規である。通っていた東大予備門（英語学校）の同級生に夏目漱石がおり、生涯の友となる。当時の漱石は牛込の実家を離れて小石川の寺に住んでいた。

本郷・菊坂界隈の文人マップ

菊富士ホテルをはじめ菊坂周辺には、多くの文人が移り住んだ。樋口一葉や石川啄木は、この地を転々とした

石川啄木が赤心館の後、移り住んだ下宿屋・蓋平館別館跡

徳田秋声の旧宅は東京都の史跡となっている

幼少期の樋口一葉が暮らした赤門前の「桜木の宿」跡

樋口一葉が通った伊勢屋質店。週末、見学が可能

石川啄木と金田一京助が暮らした下宿屋「赤心館」があった

赤門前から引っ越した樋口一葉の菊坂住居跡

多くの文人が過ごした菊富士ホテル跡地

坪内逍遥も炭団坂上に暮らしていた

炭団坂を下り切ったあたりにある宮沢賢治旧居跡

文京区

南北線

本郷通り

東京大学

正面赤門

赤門

春日駅

炭団坂

後楽園駅

春日駅

春日通り　大江戸線

本富士署

本郷三丁目駅

丸ノ内線

文京区役所

東京ドーム

小石川後楽園

白山通り

三田線

水道橋駅

0　200m

＊1935年に蓋平館は太栄館という名の旅館になったが、2014年閉館

炭団坂を下ったところにある菊坂では、1890年から樋口一葉が母と妹と借家住まいをしていた。かつては東大赤門前の広い屋敷に住んだこともある樋口家だが、兄と父の死後は困窮。菊坂での一葉は、針仕事や洗張りなどの賃仕事や質屋通いという苦しい生活のなか、それでも歌塾に通い、小説を書き始めたのである。

一葉の死から12年後の1908年、菊坂には流行作家を夢見て石川啄木がやって来た。「赤心館」という下宿屋に住んでいた同じ岩手県出身の友・金田一京助を頼って転がり込んだのだ。小説は売れなかったが、翌年には朝日新聞社に校正係として就職。家族を呼び寄せ、本郷2丁目の理髪店の2階を借りる。歌集『一握の砂』が注目されるが、2年後に結核で死去。26歳だった。

さらに菊坂には、大正10年（1921）、信仰する日蓮宗の布教活動のために宮沢賢治も岩手県から居を移す。東大赤門前の印刷所で筆耕や校正の仕事をしたが、7か月後、最愛の妹の肺炎悪化の報を受けて帰郷。1924年に上梓した童話集『注文の多い料理店』の大半は、菊坂の部屋で書いたものだ。

伝説の菊富士ホテル

さて、菊坂から北に上がった菊坂台上にあったのが、地下1階地上3階の菊富士ホテルである。1914年に創業。そのエキゾチックな雰囲気や、岐阜県出身の経営者夫婦のおおらかさや優しさが多くの文人たちを惹きつけ、"高等下宿"のようになる。

1918年には、のちに大正ロマンの抒情画家と称される竹久夢二が滞在。代表作『黒船屋』もこのホテルの部屋で描かれた。谷崎潤一郎や芥川龍之介、斎藤茂吉なども執筆のために出入りした。他にも、大杉栄、伊藤野枝、尾崎士郎、宇野千代、坂口安吾など文人の利用客は枚挙にいとまがない。広津和郎にいたっては10年間も居ついた。

昭和19年（1944）、戦時中の食糧難のため、菊富士ホテルは廃業。さらに大空襲で焼失したが、記憶は残る。投宿した文人たちの濃厚な人間模様は、『本郷菊富士ホテル』（近藤富枝著）に詳しい。

▲住宅街にある細い炭団坂の麓には、宮沢賢治や坪内逍遥の旧居跡がある

▲樋口一葉ゆかりの旧伊勢屋質店は、2015年に跡見学園が取得し、翌年文京区指定有形文化財に。週末一般公開されている

	作家名	職業	生没年	代表作
菊坂界隈に暮らした作家たち	坪内逍遥	小説家・翻訳家	1859～1935	『小説神髄』『当世書生気質』
	正岡子規	俳人・歌人	1867～1902	『墨汁一滴』『歌よみに与ふる書』
	樋口一葉	小説家	1872～1896	『にごりえ』『たけくらべ』
	徳田秋声	小説家	1872～1943	『あらくれ』『縮図』
	石川啄木	歌人	1886～1912	『一握の砂』『悲しき玩具』
	金田一京助	言語学者	1882～1971	『新選国語辞典』『アイヌの研究』
	宮沢賢治	詩人・童話作家	1896～1933	『春と修羅』『銀河鉄道の夜』
	竹久夢二	詩人・画家	1884～1934	『宵待草』『黒船屋』
	谷崎潤一郎	小説家	1886～1965	『痴人の愛』『細雪』
	宇野千代	小説家	1897～1996	『色ざんげ』『おはん』
	広津和郎	小説家・評論家	1891～1968	『神経病時代』『年月のあしおと』

1000年以上たつ 今も色あせぬ 平将門（たいらのまさかど）の祟りへの 畏怖と信心

高層ビルの林立する千代田区大手町1丁目のオフィス街に、なんとも場違いな一角がある。「南無阿弥陀仏」と書かれた石碑と古めかしい五輪塔の立つ空間—将門塚だ。

平将門は、桓武（かんむ）天皇の血筋を引く平安時代中期の関東の武将である。下総（しもうさ）（現在の千葉県北部）を本拠地として勢力を張り、関東一円の国司を攻めて連戦連勝。覇者として名声を轟かせた。天慶2年（939）には自らを「新皇」と称して東国の独立を宣言。しかし2ヶ月後、朝廷の命を受けた討伐軍によって戦死する。

将門の首は平安京に運ばれて晒された。伝説では、3日後にその首はカッと目を見開くや舞い上がり、東へと飛び去ったという。落ちた場所として最も有名なのが現在の大手町の地だ。13世紀に天変地異が頻発し、畏れた人々は首塚を築いて将門の霊を手厚く祀ったのである。

「皇位を狙う反逆者」から「朝廷の悪政に苦しむ民衆を救おうとした英雄」など後世の将門評はさまざまだが、将門塚の場所は変わらない。移そうとしたり粗末に扱うと祟る。そう信じられているのだ。近代でも、関東大震災で焼失した大蔵省庁舎を再建するため、敷地内の将門塚を潰すと、大蔵大臣をはじめ死者が続出。結局、将門塚は復元された。敗戦直後GHQ専用の駐車場にするべく造成にかかると死亡事故が起き、塚はそのままに。その後、この場所はオフィス街となるが、将門塚に礼を欠くと不幸が起きるという不文律があるようだ。

2020年5月にオープンした複合施設Otemachi Oneの一角に将門塚は丁重に祀られている。

国語のコラム
大手町に残る 将門伝説

天平2年（730）の創建当時は、現在の大手町の将門塚周辺にあった神田明神。延慶2年（1309）には将門公を奉祀。現在地に遷座後も除災厄除の神として祀っている

美しく祀られたOtemachi One内の将門塚。「荒ぶる魂は願い事も叶う」と、ご利益を求めて手を合わせる人も多いという

算数

統計…P160

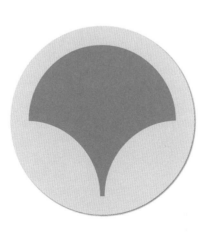

現在の東京都人口と世帯数、面積

東京都の人口は、2020年5月に初めて1400万人を超えた。新型コロナウイルス感染症の感染が拡大している時期であるが、前年の同じ時期と比較すると8万人以上増加。人口の東京一極集中が続いている。

東京都
- 人口 1404万9146人
- 世帯数 725万5289
- 面積 2194.05㎢

---

❶千代田区
- 人口 6万6926人
- 世帯数 3万7517
- 面積 11.66㎢

❼墨田区
- 人口 27万2625人
- 世帯数 14万7265
- 面積 13.77㎢

⓭渋谷区
- 人口 24万3400人
- 世帯数 14万8882
- 面積 15.11㎢

⓳板橋区
- 人口 58万2933人
- 世帯数 31万6058
- 面積 32.22㎢

㉕立川市
- 人口 18万7648人
- 世帯数 9万3380
- 面積 24.36㎢

㉛調布市
- 人口 24万3382人
- 世帯数 12万1294
- 面積 21.58㎢

❷中央区
- 人口 17万623人
- 世帯数 9万3503
- 面積 10.21㎢

❽江東区
- 人口 52万4991人
- 世帯数 26万6524
- 面積 42.99㎢

⓮中野区
- 人口 34万4341人
- 世帯数 20万6989
- 面積 15.59㎢

⓴練馬区
- 人口 75万2954人
- 世帯数 37万5935
- 面積 48.08㎢

㉖武蔵野市
- 人口 15万695人
- 世帯数 7万8579
- 面積 10.98㎢

㉜町田市
- 人口 43万2260人
- 世帯数 19万4407
- 面積 71.55㎢

❸港区
- 人口 25万9401人
- 世帯数 14万5593
- 面積 20.37㎢

❾品川区
- 人口 42万592人
- 世帯数 23万6483
- 面積 22.84㎢

⓯杉並区
- 人口 59万552人
- 世帯数 33万6862
- 面積 34.06㎢

㉑足立区
- 人口 69万4862人
- 世帯数 34万8142
- 面積 53.25㎢

㉗三鷹市
- 人口 19万6570人
- 世帯数 9万7195
- 面積 16.42㎢

㉝小金井市
- 人口 12万7347人
- 世帯数 6万4011
- 面積 11.3㎢

❹新宿区
- 人口 34万8829人
- 世帯数 22万3317
- 面積 18.22㎢

❿目黒区
- 人口 28万7005人
- 世帯数 15万4772
- 面積 14.67㎢

⓰豊島区
- 人口 30万773人
- 世帯数 18万3852
- 面積 13.01㎢

㉒葛飾区
- 人口 45万2098人
- 世帯数 21万6912
- 面積 34.8㎢

㉘青梅市
- 人口 13万2735人
- 世帯数 5万6871
- 面積 103.31㎢

㉞小平市
- 人口 19万9531人
- 世帯数 9万1343
- 面積 20.51㎢

❺文京区
- 人口 24万119人
- 世帯数 13万3463
- 面積 11.29㎢

⓫大田区
- 人口 74万4545人
- 世帯数 39万9316
- 面積 61.86㎢

⓱北区
- 人口 35万4249人
- 世帯数 18万8809
- 面積 20.61㎢

㉓江戸川区
- 人口 69万4749人
- 世帯数 33万2988
- 面積 49.9㎢

㉙府中市
- 人口 26万3338人
- 世帯数 12万5522
- 面積 29.43㎢

㉟日野市
- 人口 19万641人
- 世帯数 9万1231
- 面積 27.55㎢

❻台東区
- 人口 21万2501人
- 世帯数 12万5842
- 面積 10.11㎢

⓬世田谷区
- 人口 94万5647人
- 世帯数 49万4429
- 面積 58.05㎢

⓲荒川区
- 人口 21万7590人
- 世帯数 11万2454
- 面積 10.16㎢

㉔八王子市
- 人口 58万280人
- 世帯数 26万8996
- 面積 186.38㎢

㉚昭島市
- 人口 11万4316人
- 世帯数 5万3028
- 面積 17.34㎢

㊱東村山市
- 人口 15万1991人
- 世帯数 6万8909
- 面積 17.14㎢

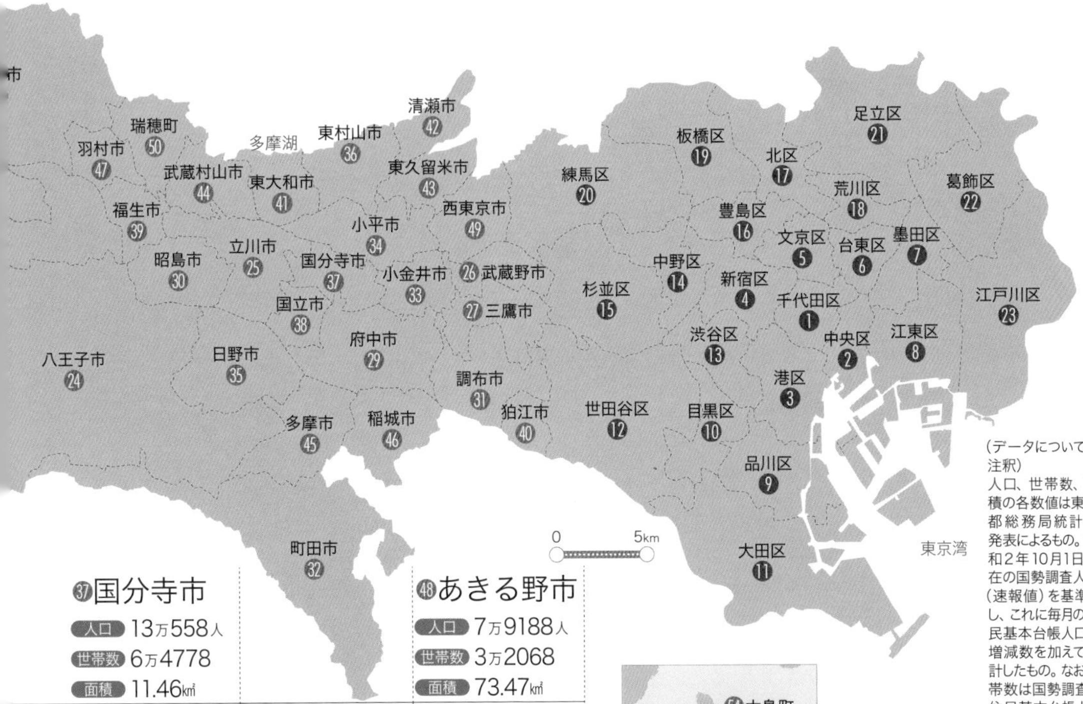
市
瑞穂町 ㊿
羽村市 ㊼
多摩湖
東村山市 ㊱
清瀬市 ㊷
武蔵村山市 ㊹
東大和市 ㊶
東久留米市 ㊸
福生市 ㊴
西東京市 ㊾
小平市 ㉞
昭島市 ㉚
立川市 ㉕
国分寺市 ㊲
小金井市 ㉝
㉖ 武蔵野市
㉗ 三鷹市
国立市 ㊳
府中市 ㉙
八王子市 ㉔
日野市 ㉟
調布市 ㉛
多摩市 ㊺
稲城市 ㊻
狛江市 ㊵
町田市 ㉜
練馬区 ⑳
板橋区 ⑲
北区 ⑰
足立区 ㉑
荒川区 ⑱
葛飾区 ㉒
豊島区 ⑯
文京区 ⑤
台東区 ⑥
墨田区 ⑦
中野区 ⑭
新宿区 ④
杉並区 ⑮
千代田区 ①
江戸川区 ㉓
渋谷区 ⑬
中央区 ②
江東区 ⑧
港区 ③
世田谷区 ⑫
目黒区 ⑩
品川区 ⑨
大田区 ⑪
東京湾
0
5km

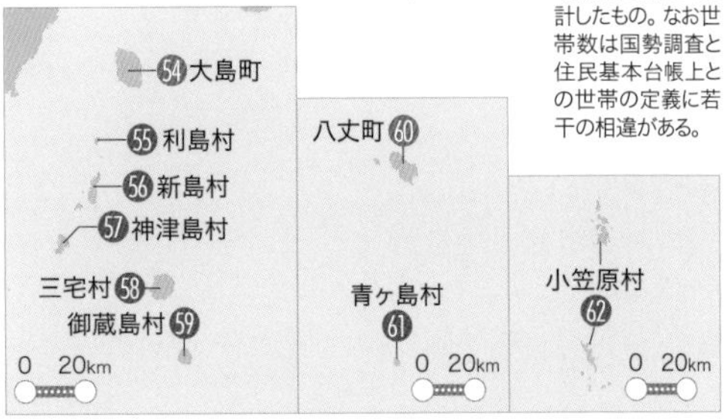
(54) 大島町
(55) 利島村
(56) 新島村
(57) 神津島村
三宅村 (58)
御蔵島村 (59)
八丈町 (60)
青ヶ島村 (61)
小笠原村 (62)
0 20km
0 20km
0 20km

（データについての注釈）
人口、世帯数、面積の各数値は東京都総務局統計部発表によるもの。令和2年10月1日現在の国勢調査人口（速報値）を基準とし、これに毎月の住民基本台帳人口の増減数を加えて推計したもの。なお世帯数は国勢調査と住民基本台帳上との世帯の定義に若干の相違がある。

㊲国分寺市
- 人口 13万558人
- 世帯数 6万4778
- 面積 11.46㎢

㊳国立市
- 人口 7万7220人
- 世帯数 3万8481
- 面積 8.15㎢

㊴福生市
- 人口 5万6074人
- 世帯数 2万8247
- 面積 10.16㎢

㊵狛江市
- 人口 8万4689人
- 世帯数 4万2750
- 面積 6.39㎢

㊶東大和市
- 人口 8万4039人
- 世帯数 3万6816
- 面積 13.42㎢

㊷清瀬市
- 人口 7万6506人
- 世帯数 3万5373
- 面積 10.23㎢

㊸東久留米市
- 人口 11万5355人
- 世帯数 5万1670
- 面積 12.88㎢

㊹武蔵村山市
- 人口 7万843人
- 世帯数 3万279
- 面積 15.32㎢

㊺多摩市
- 人口 14万6780人
- 世帯数 6万8983
- 面積 21.01㎢

㊻稲城市
- 人口 9万3862人
- 世帯数 4万446
- 面積 17.97㎢

㊼羽村市
- 人口 5万4174人
- 世帯数 2万4047
- 面積 9.90㎢

㊽あきる野市
- 人口 7万9188人
- 世帯数 3万2068
- 面積 73.47㎢

㊾西東京市
- 人口 20万7428人
- 世帯数 9万6093
- 面積 15.75㎢

㊿瑞穂町
- 人口 3万1568人
- 世帯数 1万3049
- 面積 16.85㎢

(51)日の出町
- 人口 1万7008人
- 世帯数 6030
- 面積 28.07㎢

(52)檜原村
- 人口 1964人
- 世帯数 823
- 面積 105.41㎢

(53)奥多摩町
- 人口 4663人
- 世帯数 1952
- 面積 225.53㎢

(54)大島町
- 人口 7001人
- 世帯数 3674
- 面積 90.76㎢

(55)利島村
- 人口 343人
- 世帯数 197
- 面積 4.12㎢

(56)新島村
- 人口 2379人
- 世帯数 1145
- 面積 27.54㎢

(57)神津島村
- 人口 1849人
- 世帯数 818
- 面積 18.58㎢

(58)三宅村
- 人口 2256人
- 世帯数 1366
- 面積 55.26㎢

(59)御蔵島村
- 人口 316人
- 世帯数 185
- 面積 20.55㎢

(60)八丈町
- 人口 6949人
- 世帯数 3737
- 面積 72.24㎢

(61)青ヶ島村
- 人口 177人
- 世帯数 128
- 面積 5.96㎢

(62)小笠原村
- 人口 2918人
- 世帯数 1481
- 面積 106.88㎢

明治時代〜令和の東京の人口推移と現在の年齢別人口

　記録が残る明治5年（1872）から2020年までの148年間に、東京の人口は約16倍に増加している。人口の増加は今後もしばらく続き、いわゆる団塊の世代がすべて75歳以上の後期高齢者になる2025年をピークに減少に転じるものと見込まれている。

　年齢別人口グラフは住民基本台帳による東京都の年齢（各歳）の日本人の人口。65歳以上の高齢者は23.4％を占め、人口の4.3人に1人が65歳以上、8.3人に1人が75歳以上になる。高齢者と生産年齢人口（15〜64歳）の比率は1対2.8となっている。

東京の人口推移

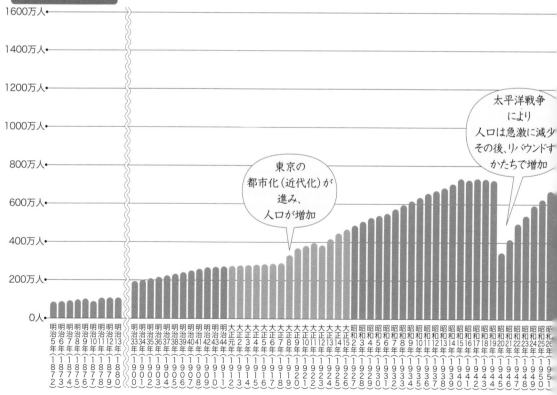

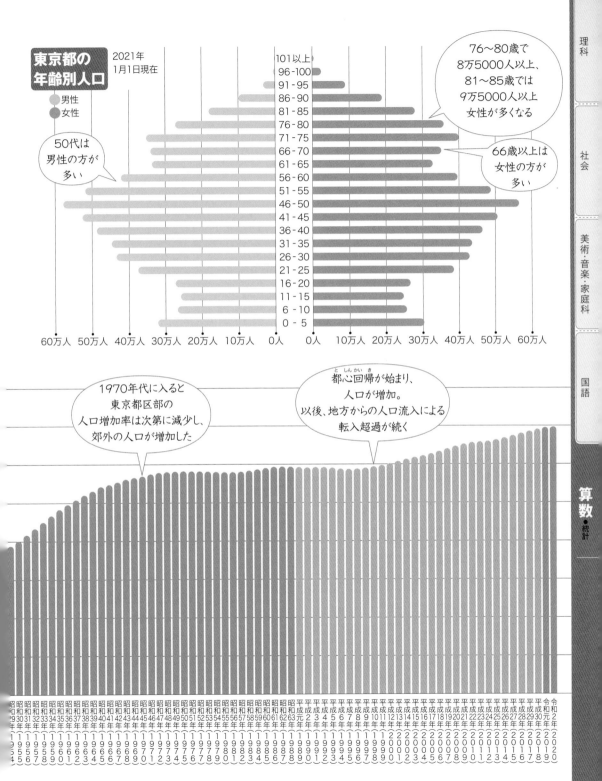

東京都区市町村の普通会計決算の状況

東京都の普通会計決算（2019年度）は、歳入総額8兆1129億円、歳出総額7兆5811億円。翌年度に繰り越すべき財源を差し引いた実質収支は1277億円の黒字

　2019年度の東京都の特別区および市町村の決算規模は、いずれも8年連続で増加。また、将来にわたる財政負担は、特別区では前年度に比べて8年連続で減少したが、市町村では増加した。特別区も市町村も、今後は歳出面において負担増が見込まれているため、行財政改革に取り組む必要がある。

この数値が高いほど、留保財源が大きいことになり、財源に余裕があるといえる。全国の市町村の平均（東京都は含まない）は0.51

		歳入総額	歳出総額	積立金現在高	財政力指数
令和元年度特別区普通会計決算の状況	千代田区	592億9602万9000円	559億6113万1000円	1183億5306万6000円	0.89
	中央区	1011億1351万円	982億9996万8000円	637億1050万9000円	0.66
	港区	1588億9252万9000円	1499億1932万2000円	1789億1169万3000円	1.27
	新宿区	1497億1740万7000円	1461億4269万2000円	554億4167万1000円	0.66
	文京区	1169億6842万8000円	1103億3302万8000円	614億9903万5000円	0.65
	台東区	1081億6813万7000円	1041億4727万6000円	488億9535万1000円	0.47
	墨田区	1257億1850万1000円	1188億9718万3000円	268億8288万4000円	0.41
	江東区	2028億1417万2000円	1975億5105万3000円	1348億4211万5000円	0.49
	品川区	1837億7973万7000円	1786億6702万1000円	970億7930万9000円	0.55
	目黒区	1085億3990万円	1028億923万7000円	492億6733万9000円	0.75
	大田区	2802億826万2000円	2755億4048万2000円	1141億9368万円	0.54
	世田谷区	3296億2972万5000円	3166億9517万7000円	1060億2297万円	0.71
	渋谷区	1091億7947万2000円	1007億8638万円	1090億9368万2000円	0.96
	中野区	1498億130万円	1415億534万1000円	613億2450万7000円	0.51
	杉並区	2053億6816万5000円	1981億3707万8000円	579億3467万7000円	0.61
	豊島区	1462億6345万円	1424億2568万4000円	319億2815万6000円	0.54
	北区	1553億6267万1000円	1509億8282万1000円	632億4835万1000円	0.38
	荒川区	1008億4963万4000円	979億8048万9000円	393億7148万円	0.34
	板橋区	2256億4577万円	2199億4848万3000円	710億4704万5000円	0.43
	練馬区	2706億7843万5000円	2647億384万4000円	941億2269万円	0.46
	足立区	2947億2163万円	2852億5739万6000円	1752億320万1000円	0.35
	葛飾区	2099億24万2000円	1970億5590万9000円	1302億1071万5000円	0.34
	江戸川区	2784億4357万6000円	2625億2475万5000円	2079億3723万8000円	0.4

令和元年度市町村普通会計決算の状況

八王子市	2094億9946万8000円	2056億5042万2000円	232億5612万円	0.943
立川市	806億6785万7000円	756億3729万1000円	256億9850万9000円	1.166
武蔵野市	713億9102万2000円	684億6521万9000円	450億7311万円	1.515
三鷹市	731億4770万1000円	719億2561万7000円	142億6677万5000円	1.171
青梅市	518億5705万3000円	510億1524万8000円	67億7154万円	0.860
府中市	1055億5100万7000円	1029億9759万3000円	565億1448万3000円	1.213
昭島市	465億8935万円	451億8298万7000円	120億8913万円	0.977
調布市	964億7037万1000円	929億9210万3000円	181億6552万2000円	1.181
町田市	1593億9794万4000円	1543億2404万6000円	190億6687万4000円	0.970
小金井市	469億9828万2000円	447億6030万円	84億5715万3000円	1.035
小平市	677億160万3000円	655億6765万8000円	110億6514万9000円	0.973
日野市	735億8197万8000円	716億633万8000円	123億9929万1000円	0.968
東村山市	569億9449万5000円	548億3966万9000円	93億2718万4000円	0.808
国分寺市	486億56万5000円	471億2454万4000円	122億5773万8000円	1.031
国立市	306億5197万6000円	302億8520万円	57億760万7000円	1.012
福生市	253億5906万2000円	246億7891万8000円	78億4381万円	0.772
狛江市	298億5787万6000円	288億7563万7000円	45億3680万1000円	0.883
東大和市	333億9777万2000円	319億3353万円	51億8019万5000円	0.851
清瀬市	317億1357万1000円	309億7987万2000円	45億4317万6000円	0.682
東久留米市	443億8528万1000円	423億2882万9000円	57億5954万円	0.837
武蔵村山市	290億382万5000円	281億6564万3000円	47億6867万6000円	0.827
多摩市	575億5093万5000円	559億6169万1000円	186億9754万9000円	1.139
稲城市	340億3496万1000円	330億610万7000円	54億5858万2000円	0.957
羽村市	232億27万2000円	224億8638万9000円	16億7154万8000円	0.986
あきる野市	315億361万9000円	308億1169万6000円	30億4161万4000円	0.724
西東京市	721億9298万6000円	707億8069万9000円	81億8225万3000円	0.905
瑞穂町	174億4060万2000円	170億3042万4000円	55億9662万2000円	1.023
日の出町	93億6445万3000円	90億5335万2000円	25億1328万3000円	0.681
檜原村	37億2538万3000円	36億257万4000円	51億2031万2000円	0.163
奥多摩町	73億3801万7000円	70億9310万6000円	46億545万8000円	0.297
大島町	95億3071万8000円	94億2246万6000円	17億5864万9000円	0.326
利島村	13億1742万4000円	12億6386万2000円	10億5659万5000円	0.144
新島村	44億3595万5000円	41億6908万2000円	21億4964万9000円	0.215
神津島村	28億8432万6000円	28億232万5000円	12億5176万9000円	0.225
三宅村	42億7116万8000円	41億1657万3000円	22億3485万6000円	0.242
御蔵島村	15億9969万6000円	15億3677万円	25億2974万9000円	0.128
八丈町	75億5362万6000円	73億7784万1000円	34億8305万円	0.301
青ヶ島村	12億982万3000円	9億5122万2000円	15億5250万1000円	0.164
小笠原村	48億8391万2000円	46億3479万2000円	25億5427万7000円	0.262

東京都区市町村の地価

各区市町村における地価公示価格の最高価格を比べてみました。同じ東京都であっても大きな差があることが分かります。2021年の地価公示価格では、選定された地点数の約76%で価格が下落しました。

地価公示価格とは、国土交通省の土地鑑定委員会が地域の標準的な地点を選定して公表する、毎年1月1日時点における一平米あたりの正常な価格のこと。東京都には2602の地点がある

		最高価格	最高価格地点	利用の現況	地価公示の平均価格(商業地) 2021年	地価公示の平均価格(住宅地) 2021年
東京都の地価公示地点データ（令和3年）	千代田区	3720万円	丸の内2丁目	事務所兼店舗	658万6900円	276万2900円
	中央区	5360万円	銀座4丁目	店舗	937万3200円	128万9200円
	港区	1320万円	新橋1丁目	店舗、事務所兼駐車場	511万1500円	202万9000円
	新宿区	3650万円	新宿3丁目	事務所兼店舗	484万6700円	79万9600円
	文京区	391万円	湯島3丁目	店舗兼事務所	149万6200円	99万3400円
	台東区	1010万円	上野4丁目	店舗	156万4500円	91万2700円
	墨田区	206万円	江東橋3丁目	店舗	81万9900円	43万6700円
	江東区	196万円	豊洲3丁目	店舗兼事務所	89万3900円	47万8600円
	品川区	553万円	西五反田1丁目	店舗兼事務所	168万1500円	84万4700円
	目黒区	530万円	自由が丘1丁目	銀行	181万3600円	95万4600円
	大田区	410万円	西蒲田7丁目	店舗	89万5700円	52万6400円
	世田谷区	278万円	北沢2丁目	店舗兼住宅	101万8000円	63万3800円
	渋谷区	2780万円	宇田川町77番	銀行、店舗兼事務所	708万7900円	130万6000円
	中野区	426万円	中野3丁目	店舗	121万900円	59万5600円
	杉並区	292万円	上荻1丁目	店舗	97万3100円	53万8500円
	豊島区	1410万円	東池袋1丁目	店舗兼事務所	217万8000円	62万9300円
	北区	338万円	赤羽1丁目	遊技場兼店舗	96万6700円	52万7500円
	荒川区	194万円	東日暮里5丁目	店舗兼住宅	86万9800円	50万5300円
	板橋区	135万円	大山町31番	店舗兼事務所	70万5900円	42万9600円
	練馬区	142万円	豊玉北6丁目	店舗	74万9500円	39万1000円
	足立区	324万円	千住2丁目	店舗	59万3800円	31万4100円
	葛飾区	151万円	新小岩1丁目	店舗兼住宅	51万1900円	32万1300円
	江戸川区	164万円	西葛西6丁目	店舗、事務所兼診療所	63万6800円	36万1400円

東京都の地価公示地点データ（令和3年）

八王子市	258万円	旭町18番	店舗	45万1800円	11万6300円
立川市	523万円	曙町2丁目	店舗	131万3500円	24万9700円
武蔵野市	685万円	吉祥寺本町1丁目	店舗	191万9100円	56万5400円
三鷹市	263万円	下連雀3丁目	店舗	82万9800円	41万3400円
青梅市	30万4000円	河辺町10丁目	銀行	18万8400円	9万2200円
府中市	165万円	府中町1丁目	店舗兼事務所	55万2800円	29万2800円
昭島市	43万円	昭和町5丁目	店舗兼共同住宅	31万4700円	18万5300円
調布市	155万円	小島町1丁目	店舗	76万2700円	33万8200円
町田市	271万円	原町田6丁目	店舗兼事務所	72万4900円	15万5900円
小金井市	154万円	本町5丁目	店舗	69万5600円	33万7600円
小平市	43万7000円	学園東町1丁目	店舗兼住宅	31万9500円	22万8600円
日野市	59万8000円	高幡1001番	店舗兼共同住宅	42万500円	18万8500円
東村山市	44万円	栄町2丁目	店舗、事務所兼住宅	30万1200円	18万5600円
国分寺市	143万円	本町2丁目	店舗兼事務所	59万300円	28万7400円
国立市	112万円	東1丁目	店舗、事務所兼住宅	62万9000円	33万9500円
福生市	41万9000円	東町3番	店舗	28万8000円	16万2800円
狛江市	52万3000円	東和泉1丁目	店舗	47万5500円	30万8100円
東大和市	28万9000円	南街5丁目	店舗兼共同住宅	19万6000円	16万7500円
清瀬市	42万3000円	松山1丁目	店舗兼事務所	34万8000円	18万4100円
東久留米市	37万3000円	東本町655番	店舗兼住宅	28万2000円	21万3600円
武蔵村山市	15万6000円	大南5丁目など	住宅など	14万6000円	12万円
多摩市	61万6000円	関戸4丁目	店舗、事務所兼共同住宅	39万6000円	18万3100円
稲城市	29万4000円	大字東長沼字七号2120番	共同住宅	25万8700円	23万1900円
羽村市	19万	小作台5丁目	住宅	17万7000円	13万7700円
あきる野市	22万円	秋川2丁目	店舗、事務所兼住宅	16万6500円	9万5900円
西東京市	80万円	田無町4丁目	店舗兼事務所	43万3800円	28万7800円
瑞穂町	12万9000円	大字箱根ケ崎字狭山295番	店舗兼共同住宅	12万1500円	9万1100円
日の出町	12万4000円	大字平井字三吉野桜木209番	住宅	9万1800円	8万5700円
檜原村	—			—	—
奥多摩町	—			—	—
大島町	4万2300円	元町1丁目	店舗兼住宅	4万2300円	9500円
利島村	—			—	—
新島村	8850円	本村1丁目	店舗兼住宅	8900円	6400円
神津島村	9500円	841番	店舗兼住宅	9500円	7100円
三宅村	1万900円	阿古691番	店舗兼住宅	1万900円	8900円
御蔵島村	—			—	—
八丈町	3万700円	三根349番	店舗兼住宅	3万700円	9000円
青ヶ島村	—			—	—
小笠原村	7万5000円	父島字東町20番	医院、事務所兼共同住宅	7万5000円	4万800円

※価格が未掲載の自治体には対象の地点がない

東京都区市町村の公共施設

東京都の各区市町村にある教育や文化、スポーツなどに関する主な公共施設を比べてみました。

	公立幼稚園※1	公立保育園	認定こども園※2	公立小学校	公立中学校※3	公立高校	公立中等教育学校※5	スポーツ施設	救急告示医療機関	図書館※6	公園※7	特別養護老人ホーム※8
千代田区	8	4	1	8	2	2	1	5	5	5	66	4
中央区	13	14	3	16	4	1	0	8	2	3	90	7
港区	12	21	1	18	10	3	0	8	8	7	156	9
新宿区	14	12	17	29	10	4	0	5	12	11	184	9
文京区	10	19	1	20	10	3	1	8	7	10	116	8
台東区	10	11	5	19	7	5	0	7	5	9	89	9
墨田区	7	17	4	25	10	5	0	6	8	8	164	9
江東区	20	29	4	45	23	8	0	39	12	12	259	15
品川区	9	42	9	31	9	3	0	30	6	15	216	12
目黒区	3	17	2	22	9	3	1	11	9	8	172	9
大田区	0	38	0	59	28	8	0	46	15	18	566	19
世田谷区	8	46	7	61	29	9	0	15	15	23	138	27
渋谷区	5	20	10	18	8	3	0	11	6	10	132	10
中野区	2	11	3	21	10	5	0	8	6	11	156	12
杉並区	6	37	0	40	23	7	0	21	8	13	348	22
豊島区	3	18	1	22	8	3	0	9	12	8	165	10
北区	4	46	2	35	12	4※4	0	30	10	15	183	11
荒川区	9	20	1	24	10	2	0	20	4	7	110	7
板橋区	2	36	3	51	22	7※4	0	22	22	12	230	18
練馬区	3	60	3	65	33	9	0	23	7	19	689	33
足立区	0	43	7	69	35	9	0	35	27	15	357	27
葛飾区	3	41	5	49	24	6	0	28	9	15	319	22
江戸川区	1	33	3	70	33	7	0	30	11	12	498	21
八王子市	0	17	2	69	37	8	1	38	12	9	930	28
立川市	0	6	3	19	9	2	1	30	5	9	261	10
武蔵野市	0	4	1	12	6	2	0	7	5	4	177	7
三鷹市	0	13	2	15	7	0	1	8	3	6	244	5

青梅市	0	0	2	17	11	2	0	11	2	10	101	24
府中市	2	13	0	22	11	5	0	50	6	13	392	9
昭島市	0	0	1	13	6	2	0	6	5	6	120	5
調布市	0	9	0	20	8	3	0	13	3	11	313	9
町田市	0	5	12	42	20	7	0	56	7	9	809	23
小金井市	0	5	1	9	5	3	0	4	1	5	211	3
小平市	0	9	4	19	8	3	0	17	4	11	319	10
日野市	4	10	2	17	8	3	0	16	2	8	206	7
東村山市	0	5	4	15	8	2	0	12	3	5	173	9
国分寺市	0	3	0	10	5	1	0	11	0	8	171	6
国立市	0	4	2	8	3	2	0	8	1	7	94	2
福生市	0	0	1	7	3	2	0	11	3	4	46	4
狛江市	0	4	1	6	4	1	0	12	1	6	88	3
東大和市	0	1	2	10	5	2	0	8	1	3	119	5
清瀬市	0	5	1	9	5	1	0	5	4	6	106	5
東久留米市	0	8	1	12	7	2	0	19	2	4	178	6
武蔵村山市	0	1	0	9	5	2	0	20	2	6	67	3
多摩市	0	1	3	17	9	1	0	23	2	8	209	5
稲城市	0	1	3	12	6	1	0	17	1	8	130	3
羽村市	0	0	3	7	3	1	0	8	0	5	85	3
あきる野市	0	3	4	10	6	2	0	11	1	4	73	14
西東京市	0	16	0	18	9	3	0	10	4	8	49	8
瑞穂町	0	2	2	5	2	1	0	9	0	6	55	4
日の出町	0	0	1	3	2	0	0	5	0	2	29	8
檜原村	0	0	0	1	1	0	0	1	0	1	0	2
奥多摩町	0	0	0	2	1	0	0	4	1	2	10	4
大島町	0	2	0	3	3	2	0	6	0	1	5	1
利島村	0	1	0	1	1	0	0	1	0	0	0	0
新島村	0	2	0	2	2	1	0	3	0	1	2	1
神津島村	0	1	0	1	1	1	0	2	0	1	4	1
三宅村	0	1	0	1	1	1	0	4	0	1	5	1
御蔵島村	0	1	0	1	1	0	0	0	0	0	0	0
八丈町	0	4	0	3	3	1	0	6	1	1	8	1
青ヶ島村	0	1	0	1	1	0	0	0	0	1	0	0
小笠原村	0	2	0	2	2	1	0	2	0	1	1	0

※1　休園中の幼稚園は除く
※2　幼保連携型、幼稚園型・保育所型・地方裁量型の合計
※3　通信制を除く
※4　令和3年度に開校予定の1校含む

※5　併設型（都立中学校＋都立高校）含む
※6　受取窓口や図書サービスコーナーなど含む
※7　児童遊園や広場、ポケットパークなど含む
※8　民設含む（各区市町村内の施設のみ）

2021年 vs 1964年
オリンピック・パラリンピック・
イヤーの今と昔の東京を比較する

　2021年にオリンピック・パラリンピックを開催した東京都。前回は高度経済成長期の昭和39年（1964）の開催だった。当時と今の東京を、さまざまなデータで比べてみた。

データの見方

・現在（2021年、2020年など）
・昭和39年（1964）

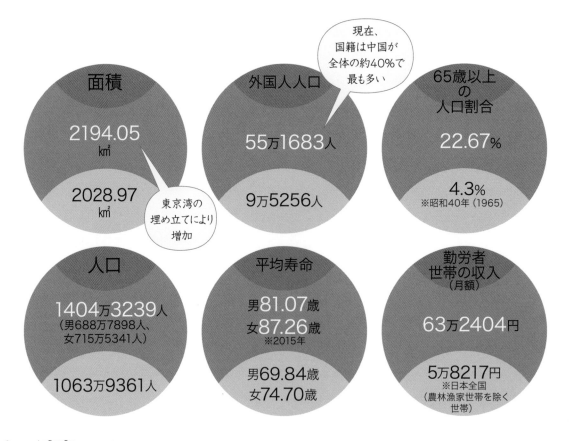

面積
2194.05
km²
2028.97
km²

東京湾の埋め立てにより増加

外国人人口
現在、国籍は中国が全体の約40％で最も多い
55万1683人
9万5256人

65歳以上の人口割合
22.67％
4.3％
※昭和40年（1965）

人口
1404万3239人
（男688万7898人、女715万5341人）
1063万9361人

平均寿命
男81.07歳
女87.26歳
※2015年
男69.84歳
女74.70歳

勤労者世帯の収入
（月額）
63万2404円
5万8217円
※日本全国
（農林漁家世帯を除く世帯）

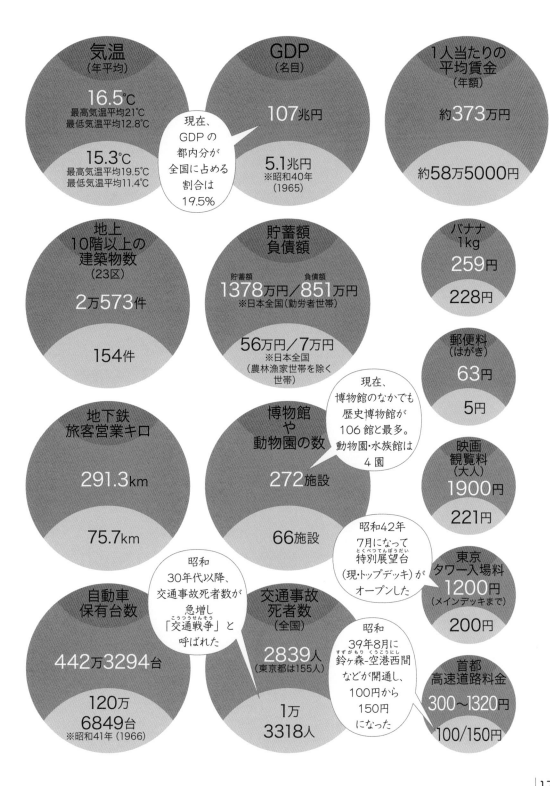

気温
（年平均）

16.5℃
最高気温平均21℃
最低気温平均12.8℃

15.3℃
最高気温平均19.5℃
最低気温平均11.4℃

GDP
（名目）

107兆円

5.1兆円
※昭和40年
（1965）

現在、
GDPの
都内分が
全国に占める
割合は
19.5%

1人当たりの
平均賃金
（年額）

約373万円

約58万5000円

地上
10階以上の
建築物数
（23区）

2万573件

154件

貯蓄額
負債額

貯蓄額　　負債額
1378万円／851万円
※日本全国（勤労者世帯）

56万円／7万円
※日本全国
（農林漁家世帯を除く
世帯）

バナナ
1kg

259円

228円

郵便料
（はがき）

63円

5円

地下鉄
旅客営業キロ

291.3km

75.7km

博物館
や
動物園の数

272施設

66施設

現在、
博物館のなかでも
歴史博物館が
106館と最多。
動物園・水族館は
4園

映画
観覧料
（大人）

1900円

221円

昭和42年
7月になって
特別展望台
（現・トップデッキ）が
オープンした

昭和
30年代以降、
交通事故死者数が
急増し
「交通戦争」と
呼ばれた

自動車
保有台数

442万3294台

120万
6849台
※昭和41年（1966）

交通事故
死者数
（全国）

2839人
（東京都は155人）

1万
3318人

昭和
39年8月に
鈴ヶ森-空港西間
などが開通し、
100円から
150円
になった

東京
タワー入場料

1200円
（メインデッキまで）

200円

首都
高速道路料金

300〜1320円

100/150円

主要参考文献(年代順)

加納靖之・杉森玲子・榎原雅治・佐竹健治著『歴史のなかの地震・噴火』(東京大学出版会/2021年)

本田創編著『失われた川を歩く 東京「暗渠」散歩 改訂版』(実業之日本社/2021年)

大竹道茂著『江戸東京野菜の物語 伝統野菜でまちおこし』(平凡社/2020年)

内田宗治著『「水」が教えてくれる東京の微地形の秘密』(実業之日本社/2019年)

木村学 他 監修『CG細密イラスト版 日本列島2500万年史』(洋泉社/2019年)

石坂友司・松林秀樹編『一九六四年東京オリンピックは何を生んだのか』(青弓社/2018年)

都道府県研究会著『地図で楽しむすごい埼玉』(洋泉社/2018年)

日比谷孟俊著『江戸吉原の経営学』(笠間書院/2018年)

ロバート・ホワイティング著／玉木正之訳
　『ふたつのオリンピック 東京1964／2020』(角川書店／2018年)

池亨 他 編『東京の歴史1 通史編1 先史時代〜戦国時代』(吉川弘文館/2017年)

岡本哲志著『江戸→TOKYO なりたちの教科書 一冊でつかむ東京の都市形成史』(淡交社/2017年)

高木秀雄著『年代で見る 日本の地質と地形』(誠文堂新光社/2017年)

日経サイエンス編集部編『別冊日経サイエンス 大地震と大噴火』(日経サイエンス社/2016年)

佐藤岳彦写真／伊藤弥寿彦著『生命の森 明治神宮』(講談社/2015年)

前田信二著『ポケット版ネイチャーガイド高尾山の自然図鑑』(メイツ出版/2015年)

『週刊 地球46億年の旅1号』(朝日新聞出版/2014年)

二松學舍大学文学部国文学科編『東京文学散歩』(新典社/2014年)

『週刊最新版 世界遺産100号』(講談社/2012年)

縄田一男監修『古地図で歩く 大江戸捕物帳』(平凡社/2012年)

松橋達矢著『モダン東京の歴史社会学』(ミネルヴァ書房/2012年)

三菱地所編『三菱一号館美術館 丸の内に生まれた美術館』(武田ランダムハウスジャパン/2012年)

岡本哲志監修『古地図で歩く 江戸城・大名屋敷』(平凡社/2011年)

貝塚爽平著『東京の自然史』(講談社/2011年)

山野勝著『江戸と東京の坂 決定版!古地図"今昔"散策』(日本文芸社/2011年)

片木篤著『オリンピック・シティ 東京1940・1964』(河出ブックス/2010年)

大竹道茂著『江戸東京野菜 物語篇』(農山漁村文化協会/2009年)

大竹道茂監修『江戸東京野菜 図鑑篇』(農山漁村文化協会/2009年)

岡本哲志監修『一丁倫敦と丸の内スタイル』(求龍堂/2009年)

鈴木直人・谷口榮・深澤靖幸編『遺跡が語る東京の歴史』(東京堂出版/2009年)

成瀬宇平著『47都道府県・伝統食百科』(丸善/2009年)

竹内誠編『東京の地名由来辞典』(東京堂出版/2006年)

東京国立博物館監修『こんなに面白い 東京国立博物館』(新潮社/2005年)

澤田一矢著『生かしておきたい 江戸ことば450語』(三省堂/2001年)

志村直愛編『建築散歩24コース 東京・横浜近代編』(山川出版社/2001年)

北原進編『郷土 東京の歴史』(ぎょうせい/1998年)

貝塚爽平監修／東京都地学のガイド編集委員会編『東京都 地学のガイド』(コロナ社/1997年)

山本純美著『江戸・東京の地震と火事』(河出書房新社/1995年)

水原明人著『江戸語・東京語・標準語』(講談社現代新書/1994年)

松村明著『江戸ことば 東京ことば辞典』(講談社学術文庫/1993年)

池波正太郎編『鬼平犯科帳の世界』(文藝春秋/1990年)

平朝彦著『日本列島の誕生』(岩波新書/1990年)

主要参考ホームページ (五十音順)

昭島市アキシマクジラ…https://www.city.akishima.lg.jp/li/040/040/010/index.html
秋葉原電気街振興会…https://akiba.or.jp
板橋区立郷土資料館…https://www.city.itabashi.tokyo.jp/kyodoshiryokan/
上野観光連盟…https://ueno.or.jp
環境省特別史跡江戸城跡…https://www.env.go.jp/garden/kokyogaien/1_intro/his_01.html
国土交通省関東地方整備局…https://www.ktr.mlit.go.jp/index.htm
国土交通省国土地理院…https://www.gsi.go.jp
国立科学博物館…https://www.kahaku.go.jp
JA東京中央会…https://www.tokyo-ja.or.jp
地震本部 立川断層帯…https://www.jishin.go.jp/regional_seismicity/rs_katsudanso/f034_tachikawa/
総務省…https://www.soumu.go.jp
総務省統計局…https://www.stat.go.jp
東京港埠頭株式会社…https://www.tptc.co.jp
東京都環境局 東京の自然公園…https://www.kankyo.metro.tokyo.lg.jp/naturepark/know/park/
東京都建設局…https://www.kensetsu.metro.tokyo.lg.jp
東京都公園協会 公園へ行こう…https://www.tokyo-park.or.jp
東京都港湾局…https://www.kouwan.metro.tokyo.lg.jp
東京都産業労働局…https://www.sangyo-rodo.metro.tokyo.lg.jp
東京都産業労働局東京の伝統工芸品…https://www.dento-tokyo.metro.tokyo.lg.jp/items/
東京都水道局…https://www.waterworks.metro.tokyo.lg.jp
東京都農林水産振興財団…https://tokyogrown.jp/
東京都の統計…https://www.toukei.metro.tokyo.lg.jp
東京都福祉保健局…https://www.fukushihoken.metro.tokyo.lg.jp
東京都文化財情報データベース…https://bunkazai.metro.tokyo.lg.jp
東京都防災ホームページ…https://www.bousai.metro.tokyo.lg.jp/taisaku/torikumi
東京都立図書館…https://www.library.metro.tokyo.lg.jp
内閣府防災情報のページ…http://www.bousai.go.jp
日本気象協会…https://www.jwa.or.jp
日本第四紀学会…http://quaternary.jp
日本地質学会…http://www.geosociety.jp
八王子市図書館…https://www.library.city.hachioji.tokyo.jp/index.html
歴史地震研究会…https://www.histeq.jp

ほか、各区市町村のホームページ

索引

大人のための
地元再発見 シリーズ

Tokyo
東京の
教科書

2021年11月15日初版印刷
2021年12月1日初版発行

編集人…田中美穂
発行人…今井敏行

●発行所
JTBパブリッシング
〒162-8446 東京都新宿区払方町25-5
編集☎03-6888-7860　販売☎03-6888-7893
https://jtbpublishing.co.jp/

●企画・編集
情報メディア編集部
内山弘美

●編集・執筆・撮影
エイジャ(小野正恵、笹沢隆徳、佐藤未来、新間健介)
木村嘉男

●写真・資料・編集協力
空撮 エアロ工房(尾関弘次)
Aflo/amana images
pixta/Photolibrary
関係各施設・市区町村

●地図制作
アトリエ・プラン
ジェオ
黒澤達矢

●アートディレクション
川口デザイン 川口繁治郎

●表紙・本文デザイン
川口デザイン 川口繁治郎

●印刷
佐川印刷

お出かけ情報満載『るるぶ&more』
https://rurubu.jp/andmore/

●本書に掲載している歴史事項や年代、由来は諸説ある場合があります。
本書の中で登場する図版やイラストは、事柄の雰囲気を伝えるもので、
必ずしも厳密なものではありません。